MARTIN GECK
Von den Wundern der Klassischen Musik
33 Variationen über ein Thema

Pantheon

Die Originalausgabe erschien 2009 unter dem Titel
Wenn der Buckelwal in die Oper geht. 33 Variationen über die Wunder klassischer Musik
im Siedler Verlag, München. Das Vorwort wurde für diese Ausgabe neu verfasst.

Sollte diese Publikation Links auf Webseiten Dritter enthalten,
so übernehmen wir für deren Inhalte keine Haftung,
da wir uns diese nicht zu eigen machen, sondern lediglich auf
deren Stand zum Zeitpunkt der Erstveröffentlichung verweisen.

Verlagsgruppe Random House FSC® N001967

2. Auflage
Copyright © 2009, 2017 Martin Geck
Copyright © 2017 by Pantheon Verlag, München,
in der Verlagsgruppe Random House GmbH,
Neumarkter Straße 28, 81673 München
Umschlaggestaltung: Büro Jorge Schmidt, München
Illustrationen: Bernd Wiedemann, Stockdorf
Satz: Ditta Ahmadi, Berlin
Druck und Bindung: CPI books GmbH, Leck
Printed in Germany
ISBN 978-3-570-55366-4

www.pantheon-verlag.de

Inhalt

Thema
VON DEN WUNDERN DER KLASSISCHEN MUSIK　　11

33 Variationen

1. »Heute noch…«
   Warten und Erwartung　　17

2. »Morgendlich leuchtend…«
   Anfänge　　23

3. »So klopft das Schicksal an die Pforte«
   Musik hat Motive　　31

4. »Wie beim Drehen eines Schlüssels in einem complicirten Schlosse«
   Leitmotive　　35

5. »Wer will unter die Sonaten?«
   Glanz und Elend der Formanalyse　　41

6. »…keine Idee von einem geordneten musikalischen Aufbau«
   Müssen wir in Formenlehre besser werden?　　47

7. »…immer etwas Bestimmtes zu sagen«
   Durchführung　　53

8. »Mit einem einzigen Accord sind wir uns näher als mit allen Redensarten«
   Die revolutionäre Kraft der Harmonik　　59

9. »…was ich höre, sind Schlägel«
   Musik als Körpersprache　　65

10. »Wenn man alt wird, so legt man sich aufs spaßen«
    Humor in der Musik — 71

11. »Kennen Sie lustige Musik, ich nicht!«
    Melancholie — 79

12. »Et patres nostri narraverunt nobis …«
    Geschichtstiefes Komponieren — 83

13. »Ich habe gekonnt«
    Gewalt in der Musik — 89

14. »Mir ist so wunderbar«
    Die Macht der Gefühle — 95

15. »Alles nach Maß, Zahl und Gewicht«?
    Lust und Last der Ordnungssysteme — 101

16. »Sturmwind am Fenster«
    Die Kraft der Bilder — 107

17. »Vielen Dank für die Wolken. Vielen Dank für das Wohltemperierte Klavier«
    Universelles Denken à la Bach — 113

18. »Hört ihr Leut und lasst euch sagen«
    Universelles Denken à la Wagner — 119

19. »h-Moll – die schwarze Tonart«
    Über Tonartencharakteristik — 127

20. »Nachtwandlerinnen der Liebe«
    Boudoir und Bordell in der Oper — 135

21. »Lesen Sie nur Shakespeares Sturm«
    Berührungspunkte zwischen klassischer Musik und Literatur — 141

22. »Von Herzen – möge es wieder zu Herzen gehn!«
    Werk und Biografie — 149

23. »Sie hat mich nie geliebt«
    Die grandiosen Verstehensleistungen der
    Komponisten 155

24. »Das moralische Gesetz in uns«
    Ordnung und Freiheit 161

25. »Ich bin's, ich sollte büßen!«
    Bachs Passionen, Picassos Guernica 169

26. »Die Ehe – ein musikalisches Wort«
    Tonbuchstabenspiele 175

27. »Der Hut flog mir vom Kopfe, ich wendete mich nicht«
    Musik und Politik 183

28. »Ich kann nicht oft genug davor warnen,
    diese Analysen zu überschätzen«
    Schreiben über Musik 189

29. »Der Tod könnte ausgedrückt werden durch eine Pause«
    Die Generalpause 195

30. »Mit oder ohne Beckenschlag?«
    Ein Lob der Reprise 201

31. »Ertrinken, Versinken …«
    Vom Inszenieren des Abschieds 205

32. »Die Guten ins Töpfchen, die Schlechten ins Kröpfchen«?
    Von musikalischen Werturteilen 211

33. Die Welt taumelt, Musik fängt sie auf 217

    Personen- und Werkregister 222

Thema
VON DEN WUNDERN DER KLASSISCHEN MUSIK

Anstatt lange zu sinnieren, wie viele Variationen meinem Thema angemessen wären, habe ich von vornherein einen Außenpunkt fixiert, nämlich Beethovens »33 Veränderungen über einen Walzer von Anton Diabelli« – die *Diabelli-Variationen* für Klavier op. 120. Und so wenig man die Abfolge von Beethovens Variationen im Sinne eines höheren Ordnungsprinzips deuten muss, so wenig ist man genötigt, die Kapitel dieses Buches der Reihe nach zu lesen: Die Anordnung ist zwar durchdacht, indes so variabel, dass man überall einsteigen kann.

Doch was besagt der Untertitel »Variationen über ein Thema«? Er klingt vage, während Beethoven sein Vorhaben präzise umreißt: Im kritischen Sinne des Wortes *führt* er einen Walzer *vor*, den der Wiener Verleger Anton Diabelli etwa 50 Komponisten mit der Bitte ins Haus geschickt hat, zu einem geplanten Druckwerk je eine Variation über diese 32 Takte Musik beizusteuern. Das Unternehmen gelingt auch – gleichwohl ohne die Mitwirkung Beethovens: Der nämlich findet Diabellis Vorgabe reichlich läppisch, will sich außerdem nicht in eine Riege zum Teil mittelmäßiger Komponisten einreihen. Doch dann kommt ihm eine Idee: Wenn er nicht nur *eine* Variation, sondern gleich mehrere Dutzend schriebe, so könnte er auch diesem banalen Thema etwas abgewinnen – es nämlich zerpflücken, ironisieren, aber auch Funken aus ihm schlagen.

Ich male mir eine Parallele im Literaturbetrieb der Zeit aus, nämlich einen Salonabend im Hause Goethes am Weimarer Frauenplan: Ein Besucher wirft arglos oder wichtigtuerisch eine Frage auf, die den Dichterfürsten zum staunenden Vergnügen der Anwesenden zu einer langen Erwiderung animiert, welche bei aller Spontaneität des Vortrags geradezu druckreif ausfällt. Wie dem Beethoven der *Diabelli-Variationen* wäre es auch dem von mir imaginierten Goethe ums Brillieren gegangen – nämlich darum, eine womöglich harmlose Äußerung geistvoll zu zerpflücken, zu ironisieren, ihr aber zugleich interessante Seiten abzugewinnen und dabei immer mehr in Fahrt zu kommen.

Doch genug des Vergleichs: Mein eigener Ausgangspunkt ist allein deshalb ein anderer, als ich auf *mein* Thema von vornherein nichts kommen lasse. Gerade weil ›klassische Musik‹ gelegentlich anspruchsvoll oder gar verschlossen erscheint, gibt sie Anlass zu jenem intensiven Bedenken ihrer Wunder, dem ich mich mit Leidenschaft verschrieben habe.

Einstens haben Künstler und Gelehrte Sinn und Zweck ihrer Kompositionen, Bilder, Bücher und Reden in schönem Latein beschrieben: *docere, movere, delectare* – lehren, bewegen, erfreuen. Wenngleich ich nicht als Schöpfer von Musik auftrete, sondern nur als ihr Interpret, möchte ich in diesen Dreiklang einstimmen – in der Tradition eines meiner Bücher mit dem Titel *Die kürzeste Geschichte der Musik*. Diesmal handelt es sich jedoch nicht um einen Geschwindmarsch durch die Historie, sondern um eine Rundfahrt zu originellen Stätten klassischer Musik; und auf die Reisenden warten ganz unterschiedliche Dinge: Werke, Schaffensmomente, Probleme und ihre Lösungen, Widersprüche, historische Kontexte, Ausblicke. Für mich sind es allesamt Wunder an Inspiration, Sinndichte, Nachdenklichkeit, Zerbrechlichkeit, Wirkungsmacht und Widersprüchlichkeit. Die Auswahl, die ich für meine Variationen gewählt habe, ist subjektiv, aber nicht beliebig: Sie spiegelt, was mich über viele Jahre hinweg beim Schreiben und Lehren über Musik beschäftigt hat – und fast noch mehr beim Hören und Musizieren.

Weil ich die »Wunder« vor allem an bekannten Werken des klassischen Musikrepertoires demonstrieren will, versteht sich das Buch auch als ein kleiner Cicerone für den Konzert- und Opernbesuch – jedoch nicht als einer, der den Hörern vor Beginn noch schnell zuraunt, dass die Handlung des ersten Aktes im Boudoir der Königin von Saba spielt oder der Schlusssatz der Sinfonie die Passacaglia-Form aufweist. Mein Cicerone empfiehlt sich für das Gespräch danach, will Verstehensprozesse in Gang setzen.

Einerseits beruht unsere Lust an klassischer Musik – und »Lust« ist glücklicherweise auch beim Hören vielschichtiger und anspruchsvoller Werke mit im Spiel – auf der Wiederbegegnung mit allgemein menschlichen Erfahrungen und Ausdrucksweisen; insofern erscheint sie uns sehr vertraut. Andererseits fasziniert klassische Musik immer wieder als das ganz Andere, außerhalb der Tonwelt geradezu Undenkbare. Diese Spannung lässt uns nicht los, wenn wir Musik machen oder hören, denn sie hat etwas mit unserem Woher und Wohin zu tun.

33 Variationen

1.
»Heute noch...«
Warten und Erwartung

VON SAMUEL BECKETTS theatralischem *Warten auf Godot* hat man vor allem die desillusionierende Botschaft im Kopf, die Welt sei ein großer Bahnhof, in dessen Hallen die Menschen vergeblich auf ankommende Züge warten. Früher wäre es kaum möglich gewesen, sich dergleichen auszudenken, denn es gab die Religion. Und man *musste* es sich auch nicht ausdenken, denn es gab ja die Musik. Vielleicht ist sie, die Musik, älter als die Religion. Jedenfalls hatte sie schon früh – nein, nicht die Funktion, das lange Warten zu verkürzen, sondern die viel größere Aufgabe: die Zeit überhaupt mit Sinn zu erfüllen.

Naturvolkmenschen erleben Zeiträume, die mit harter Arbeit angefüllt sind, als beunruhigendes Ausscheren aus dem natürlichen Fluss der Zeit. Dem vermögen sie nur mithilfe einer Musik standzuhalten, die nicht etwa die Arbeitsvorgänge koordiniert, sondern der »Wartezeit«, als die man diese Phasen eintöniger Arbeit versteht, einen kultischen Sinn gibt oder zumindest die Vorfreude auf angenehmeren Zeitvertreib weckt. Letzteres gilt zum Beispiel für die »Arbeits«-Lieder der Tikopia: Wenn die Angehörigen dieses polynesischen Stammes zum Zweck des Kanubaus einen bestimmten Baum zu fällen und zu transportieren haben, fantasieren sie sich mit Gesängen, die mit genüsslichen sexuellen Anspielungen gespickt sind, in die nachfolgenden besseren Stunden des Tages hinein.

Kinder haben unter anderem deshalb Angst vor dem Einschlafen, weil sie aus dem ihnen vertrauten Zeitkontinuum heraus- und ins Nichts zu fallen fürchten. Wiegenlieder helfen dabei, die beruhigende Erfahrung des Kontinuums mit in den Schlaf zu nehmen. Indem Johannes Brahms sein bekanntes »Wiegenlied« op. 49,4 auf eine Volksdichtung aus *Des Knaben Wunderhorn* mit den Worten »Schlaf nun selig und süß, schau im Traum's Paradies« enden lässt, vollzieht er als Komponist einen qualitativen Sprung im Umgang mit der »Erwartung«: Musik begnügt sich nun nicht mehr damit, das Warten mit Sinn zu erfüllen, sondern spricht selbst Erwartungen aus – in diesem Fall paradiesische. In seinen großen Büchern *Geist der Utopie* und *Prinzip Hoffnung* feiert der Philosoph Ernst Bloch die Musik als in Klang gegossene Erwartung dessen, »was noch nicht ist«. Denn jedes Musikstück, auf das wir uns einlassen, transportiert etwas von unseren Wünschen, dahin zu gelangen, wo wir hingehören, mögen Weg und Ziel noch so unterschiedlich sein.

Gerade die klassische Musik spricht vielfach die Erwartung des »Alles-wird-Gut« aus. Darüber hinaus widmet sie sich dem Thema auf spezielle Weise: Sie lässt die leib-seelische Spannung, die dem Ausdruck von »Erwartung« eigen ist, unmittelbar erlebbar werden, und dies in all den Schattierungen, in denen sich dieser Ausdruck beim Menschen zeigt. Beispiel: die Braut in sehnsüchtiger Erwartung ihres Geliebten. Literatur und bildende Kunst kennen dieses Motiv ebenso wie die geistliche und weltliche Musik. In Bachs Kirchenkantate »Wachet auf, ruft uns die Stimme«, deren Text an Drastik der Jesusminne nichts zu wünschen übrig lässt, ruft eine der klugen, ihren himmlischen Bräutigam erwartenden Jungfrauen: »Wann kömmst du, mein Heil?« Und dieser antwortet: »Ich komme, dein Teil.«

Obwohl für den Gottesdienst geschrieben, trägt dieses Duett durchaus weltlich-volkstümliche Züge: Prägend ist der Typus der larmoyanten *Pastorale* im 6/8-Takt, der aus der italienischen Volksmusik stammt, zu Bachs Zeiten aber auch in der Oper zu Hause war. Schon das Anfangsmotiv umreißt die Situation: Ein sehnsuchtsvoller Sprung hinauf zur kleinen Sexte mit einem eingebauten Schleifer, der im 19. Jahrhundert als gefühliges Portamento von Verfechtern der »reinen« Kirchenmusik nicht mehr hingenommen worden wäre, steht unmittelbar für den Gestus, mit dem die pietistische Seele ihren Heiland im wahrsten Sinn des Worts anhimmelt.

Einen anderen Aspekt hochgestimmter weiblicher Erwartung führt Bach in der Arie des Liesgen aus der *Kaffeekantate* vor. Als der »alte Schlendrian« seiner Tochter einen Mann verspricht, falls sie endlich »den Coffe wegtut«, kleidet auch sie ihr freudiges Einverständnis in eine Pastorale. Diesmal aber steigt der Gesang »Heute noch, lieber Vater, tut es doch!« wie der einer Lerche zum Himmel: Den frauenfeindlichen Tenor des Textes souverän überspringend, wird er alsbald zum Ausdruck einer Liebeserwartung, die ihrer selbst ganz sicher ist. Gleiches gelingt der Susanna aus Mozarts *Hochzeit des Figaro* in ihrer Pastorale »Deh vieni, non tardar, o gioia bella« (»Komm, säume nicht, mein schöner Liebster«) nicht weniger anrührend. Dabei ist die Situation mehrbödig: Vordergründig will Susanna ihrem eifersüchtigen Verlobten Figaro eine Lektion erteilen, indem sie ihn im nachtdunklen Garten des Grafen Almaviva glauben macht, sie singe den ihr hartnäckig nachstellenden Grafen an. Doch ob sie will oder nicht, nach Lage der Dinge kann die Liebeserklärung ihrer *Rosen-Arie* nur dem eigenen Gatten *in spe* gelten; und tief im Innern spiegelt die Musik die Grenzenlosigkeit einer Glückserwartung, die an keinen speziellen Mann gebunden, Susanna vielmehr »von der Natur« mitgegeben ist.

Beide – Bachs Liesgen wie Mozarts Susanna – werden an Ausführlichkeit von der Agathe aus Webers *Freischütz* übertroffen; jener Oper, die man als das größte Ereignis auf der deutschen Opernbühne zwischen Mozart und Wagner feiert. Denn dort erwartet uns eine Szene, die von freudig-banger Erwartung (»Leise, leise, fromme Weise«) bis zu dem der Handlung vorauseilenden Schlussjubel

(»All meine Pulse schlagen, und das Herz wallt ungestüm, süß entzückt entgegen ihm!«) reicht. Und während sich hinter der Natur von Mozarts Susanna ein beachtliches Maß an geläuterter Kunst verbirgt, gibt Weber seiner Agathe eine natürliche Frische mit, wie man sie nur selten in der Oper findet.

»Seiner« Agathe? Als der Komponist sich mit der Braut des hübschen Jägerburschen Max beschäftigt, ist er selbst ein Bräutigam, der seiner Braut, der Schauspielerin und Sängerin Caroline Brandt, fast täglich Liebesbriefe schickt, zärtlich und neckisch zugleich. So kommt er am 18. Mai 1817 seinem »vielgeliebten Muks, Schneefuß und Schnukeduzer« mit dem »schweren Bekenntniß«: »Ein Mädchen, dessen Liebreiz ich Dir hier nicht zu erzählen im Stande bin, hat mich ganz gefeßelt, und mit 2 Worten sei es gesagt, sie ist sogar meine Braut.« Da dürfte selbst der solcherlei Scherze gewohnten Caroline der Schreck in die Glieder gefahren sein, ehe sie unter dem Stichwort »Etsch Etsch« erfahren darf, dass es sich um keine andere als die Jägerbraut Agathe handele!

Der kleine Ausflug ins Heiter-Biografische dient hier gewissermaßen dem Abgewöhnen. Denn je mehr wir in der Operngeschichte des 19. Jahrhunderts voranschreiten, desto mehr verflüchtigt sich das Motiv der freudigen Erwartung, um stattdessen einer Erwartung Platz zu machen, die sich mit der Düsternis des Todes verbindet: Eros und Thanatos spielen sich fortan die Bälle zu. Einen Vorgeschmack gibt die Hallen-Arie aus Wagners Tannhäuser: Der Gesang der Elisabeth »Dich teure Halle grüß ich wieder« ist zwar von freudiger Erwartung auf ein Wiedersehen mit Tannhäuser bestimmt, doch zugleich schon vom Tod überschattet, der über beide Protagonisten kommen wird. Regelrecht quälend werden Warten und Erwartung im dritten Akt von Wagners Tristan und Isolde. Dort wartet der tödlich verwundete Tristan in Fieberfantasien auf das Schiff, das Isolde an die Gestade der Burg Kareol bringen soll: »Es naht! Es naht mit mutiger Hast! Sie weht, sie weht – die Flagge am

Mast«, so halluziniert er. Es gehört zu den realistischen Zügen dieses ansonsten auf den Symbolismus vorausweisenden Werks, dass Tristans Warten kaum auf »Opernzeit« gerafft, vielmehr nahe an der Realität ausgespielt wird. Noch ein Jahr vor seinem Tod denkt Wagner daran, im 3. Akt des *Tristan* zu kürzen: Die Münchner Uraufführung mit dem Sänger Ludwig Schnorr von Carolsfeld sei zwar einzigartig, jedoch auf geradezu »furchtbare« Weise darüber hinausgegangen, »was man von der Bühne herab erfahren dürfe«, zitiert ihn Gattin Cosima in ihren Tagebüchern.

Vollends dem Tod gewidmet ist Arnold Schönbergs erstes Bühnenstück, ein 1909 komponiertes Monodram, das die *Erwartung* als Titel trägt und als Inbegriff des musikalischen Expressionismus gelten kann. »Schreiben Sie mir doch einen Operntext, Fräulein«, hatte Schönberg die Dichterin Marie Pappenheim bei einem Künstlertreffen gebeten und alsbald von ihr ein Libretto erhalten, das die Halluzinationen einer nicht näher benannten Frau schildert, die in gespenstischer Umgebung nach ihrem Geliebten sucht und ihn schließlich tot auffindet. In dieser »seismographischen Aufzeichnung traumatischer Schocks« – so die Beschreibung Theodor W. Adornos – bricht Schönberg mit traditionellem Formverständnis, um stattdessen auf den Spuren der damals aufkommenden Tiefenpsychologie die jähen Gefühlsumschwünge unbewusster Seelentätigkeit nachzuzeichnen. Eine Generation und zwei Weltkriege später konfrontiert derselbe Schönberg seine Hörer in dem Melodram *A Survivor from Warsaw* (1947) mit einer »Erwartung« ganz anderer Art: Juden aus dem Warschauer Getto stimmen im Angesicht ihres sicheren Todes das alte Glaubensbekenntnis »Sh'ma Yisroel« an.

Dass meine Variation zum Thema »Erwartung« zunehmend schwarze Tasten angeschlagen hat, ist nicht mir anzulasten. Es entspricht vielmehr dem Prozess, den die »schönen Künste« im Verlauf ihrer Geschichte durchgemacht haben. Demgemäß dürfen

Momente freudiger Erwartung in der Oper des 20. Jahrhunderts oft nur in ironischer Brechung auftauchen. Meister solcher Zwischentöne ist Richard Strauss – etwa im *Rosenkavalier*, wo er das Fräulein Sophie von Faninal in Erwartung ihres Bräutigams mit ersichtlichem Augenzwinkern bangen lässt, welchen adligen Herrn der Vater denn nun für sie ausgesucht hat – der hinreißende Brautwerber Octavian wäre da sehr willkommen, darf's aber leider – noch – nicht sein.

2.
»Morgendlich leuchtend...«
Anfänge

»WIE FANG' ICH NACH DER REGEL AN?« – »Ihr stellt sie selbst und folgt ihr dann.« So heißt es in den Meistersingern von Nürnberg. Richard Wagner legt den Dialog seinen Protagonisten Walther von Stolzing und Hans Sachs in den Mund, als sie über das Preislied »Morgendlich leuchtend in rosigem Schein« beratschlagen, das bei den konservativen Preisrichtern nicht von vornherein durchfallen, gleichwohl den Ausruf »unerhört« in bewunderndem Sinn provozieren soll.

Sachs' Rezept ist originell, bei näherem Zusehen jedoch vor allem ein Bonmot und in letzter Konsequenz erst auf freitonale Kompositionen wie Arnold Schönbergs Klavierstücke op. 11 anzuwenden. Denn in der tonalen Musik davor gibt es Konventionen, denen sich ein Komponist nicht entziehen kann, wenngleich er mit ihnen im Laufe der Jahrhunderte immer freier umgehen darf. Überhaupt wird die Originalität des Anfangs erst im Verlauf des 18. Jahrhunderts zu einem Gütekriterium. Vorher werden Kompositionen wie Handwerksarbeit beurteilt: Man sieht vor allem auf die gekonnte Ausfertigung. Wenn ein barocker Fürst ein halbes Dutzend geflügelter Putto-Figuren für seinen Garten in Auftrag gibt, weiß er von vornherein, was ihn ungefähr erwartet. Und wenn er bei seinem Kapellmeister dieselbe Anzahl Orchestersuiten bestellt, so wäre er nur irritiert, wenn darunter eine Gavotte wäre, die nicht wie eine Gavotte anfangen würde. Zwar wird der Fürst, je kunstsinniger er ist, desto mehr Wert auf schöne Einzelstücke legen; doch abnorm im ursprünglichen Wortsinn sollen sie nicht sein.

Demgemäß zeichnen sich Händels berühmte Opernarien nicht durch besonders originelle, sondern eher durch schlagende Devisen aus. »Schlagend« in dem Sinn, dass musikalische Gesten, die zum Allgemeingut gehören, auf kaum näher zu beschreibende Weise eine geradezu göttliche Formung erhalten – so etwa die berühmte Sarabande Lascia ch'io pianga aus dem Rinaldo.

Und Bach? Natürlich ist er auch, was Anfänge angeht, der eigensinnigere. Sie muten in seinen Arien manchmal geradezu avantgardistisch an. So beginnt die Kantate »Widerstehe doch der Sünde« auf einer lang anhaltenden Dissonanz, nämlich auf einem über dem Grundton errichteten Dominantseptakkord, der wie ein einziger Widerstand gegen das Erreichen der Grundharmonie komponiert ist, mit der das Stück gemäß den damaligen Zunftregeln unter allen Umständen zu beginnen hätte. Freilich ist solches Spiel mit dem Unerlaubten in diesem Fall vom Text gedeckt, wenn nicht gar gefordert: »Es heißt doch ›Widerstehe!‹«, hätte Bach erschrockenen Kirchgängern entgegenhalten können.

Demgegenüber wagt Joseph Haydn vergleichbare Kühnheiten zwei Generationen später auch in reiner Instrumentalmusik. Das letzte seiner sechs Streichquartette op. 50 beginnt mit einer Passage, die eine typische Schlusskadenz darstellt. Das ist so, als ob ein Märchen mit den Worten »Und wenn sie nicht gestorben sind, so leben sie noch heute« nicht schlösse, sondern begänne! Man kann solche und ähnliche Gags nicht ständig wiederholen; doch Haydn liebt es, sie als sein Markenzeichen immer wieder einmal anzubringen: Sie sind Ausdruck eines Humors, von dem noch der Romantiker Jean Paul schwärmte. Dieser lebte in einer Zeit, als unkonventionelle Anfänge bereits das A und O aller Literatur waren. Ein Dichter tut sich damit freilich auch leichter als ein Komponist. Denn wenn etwa Jean Paul das 18. Kapitel seines Romans *Flegeljahre* mit dem Satz beginnen lässt: »Der Notar verlor jeden Tag seinen Bruder einmal«, so ist das ein origineller Auftakt; jedoch wird kein Leser erwarten, dass nun das ganze Kapitel vom Verlieren und Wiederfinden handelt. Wenn hingegen der Komponist zu Beginn eines Satzes beispielsweise eine Triole einführt, so wird er sie nicht wieder los. Er muss also Anfänge finden, die bei aller Originalität nicht mehr verheißen als er einzulösen vermag.

In dieser Hinsicht komponierte Wolfgang Amadé Mozart meisterlich – und dies schon in seinem Salzburger Klavierkonzert Es-Dur KV 271 (*Jeunehomme*), mit dem er die Gattung mit einem Schlag auf höchstem Niveau etabliert. Mozart lässt das Klavier schon im zweiten Takt ins Geschehen eingreifen, obwohl er der Tradition nach erst einmal dem Orchester Gelegenheit zu einer würdevollen Einleitung geben müsste. Das wäre dann gleichsam der rote Teppich, der dem höfischen Publikum, speziell dem Fürsterzbischof von Salzburg bei seinem Erscheinen im Hofkonzert ausgerollt wird. Doch diesmal scheint Mozart seinem Dienstherrn den pompösen Auftritt nicht zu gönnen; jedenfalls legt er alsbald selbst mit kecken Sprüngen auf seinem Instrument los und beginnt auf diesem Wege einen munteren Dialog zwischen Solist und Orchester.

Dieser Dialog muss nun freilich weitergehen; und es ist Ausdruck von Mozarts Kunst, dass »Einfall« und »Ausführung« nicht als ein konstruiertes Nacheinander erscheinen, vielmehr beide in einem einzigen kombinatorischen Spiel aufgehen. So betrachtet, wirkt der originelle Anfang wie ein Sprung mitten ins Geschehen.

Beethoven dachte da stärker von einer Keimzelle aus, die alle weitere Entwicklung in sich trägt. Im Vorfeld seiner Kompositionen war nicht die rhetorisch geschliffene Formulierung gefragt, sondern eine motivische Substanz, aus der sich Großes und Charakteristisches entwickeln ließ. Deshalb kann es nicht verwundern, dass die ersten notierten Einfälle zum berühmten Klopfmotiv seiner *Fünften Sinfonie* erstaunlich unbehauen wirken; denn zunächst ging es ihm nur um die Essenz eines Motivs, das nicht nur einen Satz, sondern bis zu einem gewissen Grade letztlich eine ganze Sinfonie prägen soll. Während dieses Eingangsmotiv, nachdem es in langwierigen Findungsprozessen seine definitive Form gefunden hat, im ersten Satz der *Fünften* unangefochten durchrauscht, ist der entsprechende Prozess in der *Eroica*, seiner *Dritten Sinfonie*, ungleich komplizierter. Diese setzt nach zwei Habtachtschlägen des Orchesters mit einem naturhaften Es-Dur-Hornmotiv ein, das sich jedoch nicht aussingen darf, vielmehr schon im fünften Takt am im Es-Dur völlig fremden cis wie an einem Verbotsschild scheitert. So ist von Anfang an klar, dass dieses Naturmotiv unendlich viele Wege wird gehen müssen, ehe es im Finale seinen Königsauftritt bekommt, nunmehr zum festlichen Contretanz mutiert.

Dass das gedrungene Eingangsthema von Beethovens *Achter Sinfonie* demgegenüber wie ein *Fait accompli* anmutet, das prozesshaftes Komponieren fast unmöglich macht, ist nur auf den ersten Blick befremdlich. Denn in Gestalt der *Achten* erlaubt Beethoven sich einen grimmigen Spaß mit seinem Publikum: Plötzlich ist der Idealismus seiner vorangegangenen Sinfonik wie ausgelöscht; mit dem Monumentalstil ist es ebenso vorbei wie mit der Vorstellung eines kompositorischen Prozesses, der in eine hymnische Schlussapotheose einzumünden habe. Nein – die Achte ist wie das Satyrspiel nach der Tragödie. Der festliche Anfang ist wie geborgt, trägt jedenfalls nicht weit: Schon bald breitet sich Leerlauf aus. Im 2. Satz, dem Allegretto scherzando, sieht Robert Schumann den Komponisten geradezu »die Feder wegwerfen«; und das Finale ist vor allem wegen der ins dreifache Piano grob hineinfahrenden »Schreckensnote« berühmt-berüchtigt: Auf den Zeitgenossen Louis Spohr wirkte sie so, als werde ihm mitten im Gespräch die Zunge herausgestreckt.

Das ist wie ein letzter Wink mit dem Zaunpfahl: Eine Harmlosigkeit, wie sie der Anfang der Achten zu bieten wagt, muss bestraft werden! Das heißt freilich nicht, dass Beethoven absichtlich naiv oder launig komponiert hätte. Eher konfrontiert er die Hörer auf derbe Weise mit seinen aktuellen Schwierigkeiten als Sinfonienkomponist: hier der Wille zu weltbewegenden Botschaften, dort die begrenzten Möglichkeiten des inzwischen ausgereizten Materials.

Wie ist es dann zu verstehen, dass Beethoven ein Jahrzehnt nach der karnevalesken *Achten* in seiner neunten und letzten Sinfonie mit einem Anfang aufwartet, wie man ihn sich erhabener nicht vorstellen könnte? Hat sich das Material inzwischen erholt? Nein, aber es muss nach Beethovens neuer Konzeption nicht mehr bis ins Finale durchhalten; denn in diesem Finale trumpft Beethoven mit etwas Neuem auf: mit einem Dichter-Wort in Gestalt von Schillers Hymnus »An die Freude«. Wurde der freudige Beginn der *Achten* im Verlauf der Sinfonie konterkariert, so ereilt den titanischen Anfang der *Neunten* ein würdigeres, jedoch kaum weniger drastisches Schicksal: Er wird vom »Volkschor«, auf dem nun alle Hoffnungen ruhen, gleichsam hinweggespült. Der Titan hat seine Stunde gehabt; nun ruhen die Hoffnungen auf dem Freudenfest der sich verbrüdernden Menschheit.

»Er soll sich immer an die Anfänge der Beethovenschen Symphonien erinnern; er soll etwas Ähnliches zu machen suchen. Der Anfang ist die Hauptsache!« Solches lässt Robert Schumann im

Januar 1854 seinem Schützling Johannes Brahms ausrichten. Es soll vermutlich launig klingen und verrät doch Schumanns tiefen Respekt vor den Ur-Energien, die Beethoven etwa zu Beginn seiner dritten, fünften, siebten und neunten Sinfonie freizusetzen vermochte. Ob es ein guter Rat war? Jedenfalls hat der ohnehin geschichtsbewusste Komponist, um seinem großen Vorgänger keine Unehre zu machen, 14 Jahre Arbeit an seine erste Sinfonie gewandt. Die Kosmogonie, mit der er schließlich zu Beginn des Werks aufwarten wird, ist dann in der Tat Beethovens würdig. Zugleich gibt es Unterschiede nicht nur stilistischer, sondern auch philosophischer Art: Während wir am Anfang von Beethovens *Neunter* einen aktiven, geradezu Blitze schleudernden Zeus zu vernehmen meinen, macht Brahms in seiner *Ersten* die Wirrnis und das Leid zum Thema, die der Welt seit ihrem Anbeginn mitgegeben sind. Kein Wunder, dass er sich dabei des Anfangs der *Matthäuspassion* erinnert und damit in seinem Respekt vor der Tradition noch hinter Beethoven zurückgeht.

Von den Hunderten, ja Tausenden origineller Anfänge, die hier ein Recht auf Erwähnung hätten, seien vier Takte genannt, die Chopins *Étude* in f-Moll eröffnen – obwohl man sie, isoliert betrachtet, eher als Schlusstakte identifizieren möchte:

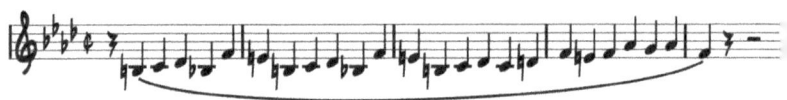

Dass Charakterstücke resignativ *enden*, ist für das 19. Jahrhundert keine Besonderheit; selten aber *beginnt* eines in solch diffuser, niederdrückender Monotonie. Dass gegen diese Gestimmtheit im weiteren Verlauf des Stückes bestenfalls halbherzig, jedenfalls aber vergeblich angekämpft wird, mochte zwar dem Lebensgefühl des

Komponisten entsprechen, zugleich aber Ausdruck eines geheimen Spotts sein: Chopin komponierte die kleine, ohne Opuszahl gebliebene Etüde für eine Klavierschule; deshalb darf man aus ihr wohl auch die ganze Verzweiflung über die Einzelhaft am Klavier heraushören – ohne Anfang, ohne Ende.

3.
»So klopft das Schicksal an die Pforte«
Musik hat Motive

»WAS IST DAS MOTIV VON BEETHOVENS FÜNFTER?« Eine Frage mit Hintersinn: Zwar kommt jedem sogleich das berühmte viertönige Klopfmotiv des Anfangs in den Sinn, doch dann scheiden sich die Geister. Die einen verweisen auf die viel zitierten Worte »So klopft das Schicksal an die Pforte« und beschreiben Beethovens Motiv, die *Fünfte* zu komponieren, anhand dieses Ausspruchs. Die anderen halten nichts von solchem Anekdotenkram und kommen gleich zur Sache: »c-Moll, 2/4-Takt, *Allegro con brio*, dreimal die Quinte, einmal die Terz; drei auftaktige Achtel, eine Halbe mit Fermate – das ist das Motiv, von dem Beethoven in der *Fünften* ausgeht. Vgl.: Eduard Hanslick, *Vom Musikalisch-Schönen*, Wien 1854: ›Tönend bewegte Formen sind der einzige Inhalt der Musik.‹ Basta!«

Und Beethoven selbst? Seinen Ausspruch vom Schicksal, das an die Pforte klopft, überliefert der Schüler und Gehilfe Anton Schindler in einer dickleibigen Biografie, die vor einigen Jahrzehnten im Zuge einer Generalkritik an Schindlers Zuverlässigkeit ins Zwielicht geriet. Damals fanden schriftkundige Beethoven-Forscher heraus, dass Schindler die von ihm aufbewahrten Konversationshefte, mittels deren der ertaubte Meister mit seinen Besuchern zu kommunizieren pflegte, nachträglich manipuliert hatte. Zwar hatte er Beethovens Niederschriften unangetastet gelassen, seine eigenen Fragen und Antworten jedoch durch nachträgliche Zusätze aufpoliert – mit dem Ziel, in den Konversationsheften weniger als Schüler denn als Vertrauter Beethovens zu erscheinen.

So wenig solche Retuschen *de facto* unser Beethoven-Bild so stark verfälscht haben, dass es völlig revidiert werden müsste, so wenig brauchen wir darüber zu grübeln, ob Beethoven den Ausspruch »So klopft das Schicksal an die Pforte« tatsächlich getan hat oder nicht. Wer ihn für authentisch hält, weiß nämlich noch nicht, wie er gemeint war: emphatisch, ironisch oder gar abwimmelnd? Und außerdem gibt es genügend andere Zeugnisse dafür, dass Beethoven sich mit dem Schicksal beschäftigt hat. Sicherlich hat er seine Zeit – die Epoche der Französischen Revolution, Napoleon Bonapartes und der Restauration – als schicksalhaft erlebt. Und gewiss kannte er Schillers *Wallenstein*, in dem »Schläge an der Tür« die Peripetie des Dramas markieren, also den entscheidenden Augenblick, in dem der Stern des schicksalgläubigen Feldherrn aus dem Dreißigjährigen Krieg zu sinken beginnt.

»Ich will dem Schicksal in den Rachen greifen, ganz niederbeugen soll es mich gewiß nicht«, schreibt er dem Freund Wegeler in jenen Jahren, die der Komposition seiner *Fünften* vorausgehen; und dass sich in diesem Werk entsprechende Vorstellungen spiegeln, haben schon die Zeitgenossen zu erkennen geglaubt. So beschreibt der einflussreiche Musikkritiker Adolf Bernhard Marx den ersten Satz als »eine Folge von Seelenzuständen mit tiefer psychologischer Wahrheit«, die »das Ringen eines kräftigen Wesens gegen ein fast übermächtiges Geschick« ausdrücke. Dieses Deutungsmuster zieht sich durch das gesamte 19. und 20. Jahrhundert; man findet es in Äußerungen von Richard Wagner und Franz Liszt ebenso wie in den Essays von Marcel Proust. Es prägt auf reflektierte Weise die Musik des NS-kritischen Films *Rotation* von Wolfgang Staudte, in einem oberflächlichen Sinn den Soundtrack des amerikanischen Erfolgstanzfilms *Saturday Night Fever* von 1977.

Gleichwohl sind Beethovens Kompositionen eben *keine* Gedichte, Romane, Dramen, Kommentare zu Filmen oder Gemälden, sondern nichts als Musik. Und gerade das ist es, was romantische

Philosophen und Dichter wie Novalis und Friedrich Schlegel an der musikalischen Kunst so bewunderten: Sie borgt ihre Sprache *nicht* von Literatur oder Malerei, ist vielmehr eine Kunst *sui generis* und spricht im wahrsten Sinne des Wortes das Unerhörte aus – etwas, von dessen Existenz man sonst gar nicht wüsste. Noch zu Lebzeiten Beethovens nennt Arthur Schopenhauer die Musik den nicht hintergehbaren »Willen an sich«.

Da berührte es in der Tat geradezu peinlich, wollte jemand den Anfang von Beethovens *Fünfter* allzu vordergründig mit der Geste des harschen Anklopfens und den ersten Satz schlichtweg mit dem Dräuen des Schicksals in Verbindung bringen. Was allmählich Gestalt gewinnt, wenn der Komponist mit seinen Skizzenbüchern in der Landschaft herumstreift, was sich danach am Komponiertisch formt, reicht in die Tiefen einer menschlichen Erlebniswelt, der Konkretionen wie »Klopfen« oder Kategorien wie »Schicksal« fremd sind. *Vice versa* weist das fertige Kunstwerk weit über solche Konkretionen hinaus. Dennoch sind Motive, wie sie die klassische Musik kennt, keine abstrakten Tongebilde oder nur tönend bewegte Form. Indem der Komponist mit ihnen umgeht, werden sie ihm auch als Charaktere vertraut und bedeuten ihm etwas. Gelegentlich hat Beethoven Themen, die ihm vorschwebten, in seinen Skizzen mit Worten beschrieben; und der Hinweis »beklemmt« steht sogar noch in der Druckfassung des Streichquartetts op. 130. Dass diese Anweisung dort mitten im Satz steht, macht deutlich genug, in welchem Maß Beethoven mit seinen Motiven gleichsam auf Du und Du steht.

In dem wenig jüngeren Streichquartett op. 135 hat er den Motiven des Schlussatzes – unter der Überschrift »Der schwer gefaßte Entschluß« – regelrechte Motti unterlegt: »*Muss* es sein? – Es *muss* sein!« Da scheint der Komponist zu guter Letzt mit Worten enthüllen zu wollen, was er zuvor in Tönen zwar nicht verschwiegen, aber doch mit der Aura des Geheimnisses umgeben hatte.

In diesem Sinne sind musikalische Motive für die Komponisten seit Beethoven oft genug Lebensmotive. Zwar spiegeln sie nur selten konkrete Vorgänge. Jedoch ist ihnen anzuspüren, dass das Leben durch sie hindurchgegangen ist; und zum »Leben« gehört für einen Künstler nicht nur der Alltag, sondern die gesamte sinnliche, geistige und soziale Erfahrungswelt. »Alles affiziert mich, was in der Welt vorgeht, Politik. Literatur, Menschen«, notiert Robert Schumann 1838. Und dass er in diesen Jahren Klaviermusik schreibt, die als der Inbegriff von Introvertiertheit gilt, darf nicht zu dem Schluss verführen, beide Sphären hätten nichts miteinander zu tun. Vielmehr muss man sich die Vorstellungswelt des Künstlers als einen Raum vorstellen, in dem innere Eingebungen und äußere Reize zu jener kritischen Masse verschmelzen, die das Tonmaterial im eigentlichen Sinne darstellt. Die aus solchem Stoff geschaffene Komposition ist voller Deutungsangebote. Nur deshalb – das wird von der strengen Formästhetik leicht übersehen – vermag sich der Hörer mit Musik affektiv zu identifizieren, anstatt ihr nur wie einer interessanten Schachpartie – mit intellektueller Distanz – zu folgen. So betrachtet, hat auch das Nachdenken über den Ausspruch »So klopft das Schicksal an die Pforte« nichts mit Naivität zu tun, stellt vielmehr einen respektablen Versuch dar, sich Beethovens Motiven zu nähern.

4.
»Wie beim Drehen eines Schlüssels in einem complicirten Schlosse«
Leitmotive

HANS PAUL VON WOLZOGENS *Thematischer Leitfaden durch die Musik zu Richard Wagners Festspiel Der Ring des Nibelungen* war schon vor der Eröffnung der ersten Bayreuther Festspiele von 1876 vergriffen. Bis 1911 stieg die Auflage auf 160 000, und Dutzende von weiteren Leitfäden zu Wagners Bühnenwerken dürften es bis zum Beginn des Ersten Weltkriegs auf mindestens 250 000 verkaufte Exemplare gebracht haben. Damit besaßen deutlich mehr Menschen einen solchen Leitfaden, als Wagners Bühnenwerke bis dahin Zuschauer gehabt hatten; und man fragt sich unwillkürlich, welche Anziehungskraft damals von Wagners musikalischen Dramen ausging. Zum einen ging es natürlich um die Texte, die in besagten Leitfäden abgedruckt waren, zum anderen aber auch um die Musik, deren Essenz von Wolzogen in den sogenannten Leitmotiven fassen zu können glaubte. Und hinter allem stand die Hoffnung des – übrigens nicht nur deutschen – Bildungsbürgertums, im wagnerschen Gesamtkunstwerk geistige Orientierung und künstlerische Erbauung in einem zu finden.

Hätte der »Fall Wagner« nicht auch problematische Seiten, so könnte man als Musikliebhaber eigentlich nur stolz auf die Wertschätzung sein, welche die klassische Musik in diesem Zusammenhang genießt; und noch einmal fragt man sich unwillkürlich: Wie hat er das als Komponist geschafft, und welche Rolle spielten bei alldem die Leitmotive? Allgemeiner Gesprächsgegenstand wurden sie erst nach Wagners Tod, und das fällt nicht zufällig in eine Zeit, in der das Wort »Design« am Horizont auftaucht – als Ausdruck dafür, dass auf hohem handwerklichen Niveau gearbeitete Gebrauchsgegenstände unter anderem dadurch zur Kunst geadelt werden, dass man sie in einem einheitlichen und jeweils unverwechselbaren Stil anfertigt und dabei einem ethisch fundierten Verständnis von Qualität folgt.

Im Fall Wagners verläuft der Weg genau umgekehrt – also von der Kunst zum Kunstgewerbe: Die Leitmotive, die Nietzsche lieber Symbole genannt hätte, um ihre Herkunft aus dem Kultus zu verdeutlichen, werden vom Publikum als das charakteristische Design von Wagners musikalischen Dramen wahrgenommen; und damit kann der gebildete Massengeschmack gut leben: Auf der einen Seite bietet man ihm eine Kunst, die ersichtlich im Mythos wurzelt und damit das Bedürfnis nach metaphysischen Erfahrungen befriedigt; auf der anderen Seite wird die hochtönende Kunstsymbolik zu einer Designerkunst herabgestimmt, die leicht zu identifizieren und in »Katalogen« geradewegs zu studieren ist.

Von solcher Verwässerung der originalen Ideen berichte ich mit einiger Trauer; denn der Komponist hat es nicht verdient, dass mittlerweile jeder zu wissen glaubt, was bei Wagner Sache ist: Wenn der junge Siegfried auftritt, schmettert der Hornist das lustige Siegfried-Motiv, und wenn die Götter in ihre Burg Walhall einziehen, blasen die eigens dafür gebauten Wagner-Tuben das prächtige Walhall-Motiv. So hat es schon George Bernard Shaw simplifiziert, der in seinem Essay *The Perfect Wagnerite* zwar unterschwellig als Bewunderer Wagners, vor allem aber als Spötter agiert. Damit jede Verwechslung ausgeschlossen sei, so Shaw, komme jeder Sänger mit seinem akustischen Namensschildchen – Leitmotiv – auf die Bühne geeilt.

Doch das ist in mehrfacher Hinsicht ein Totschlagargument. Zum einen muss man Wagner für seine Direktheit nicht schelten; denn das mimetische Moment gehört nicht weniger zur Musik des 19. Jahrhunderts als die Gegenständlichkeit zur bildenden Kunst dieser Epoche. Wenn Bruckner im Scherzo seiner *Vierten Sinfonie* die Jagdhörner schmettern lässt oder wenn die Glocken in Mahlers *Sechster* ausdrücklich »in realistischer Nachahmung einer weidenden Herde« spielen sollen, so setzen sie auf ihre Art gleichfalls auf Wiedererkennungseffekte. Dahinter stehen Musizierpraktiken, die so alt sind wie die menschliche Kultur. Bei dem aussterbenden afrikanischen Stamm der Nupe etwa, der bis vor einigen Jahrzehnten auf dem Gebiet des heutigen Nigeria siedelte, reservierten sich die Adeligen nicht allein bestimmte Trommeln, sondern auch bestimmte Tonabfolgen bzw. Motive als Statussymbole. Sagen und Märchen aus dem europäischen Raum kennen ähnliche dingliche Zuordnungen: Was mit dem Rolandshorn des mittelalterlichen Epos beginnt, endet mit Papagenos Panflöte in Mozarts *Zauberflöte*. In diesem Punkt schöpft Wagners moderner Musikmythos ersichtlich aus archaischen Quellen; bei den naturnahen Ring-Motiven wie dem Rheingold-, dem Schwert-, dem Nibelungen- oder dem Riesen-Motiv ist der demonstrativ mythische Gestus unüberhörbar.

Und es bleibt nicht bei dieser vermeintlichen Primitivität. Das »Gewebe«, wie Wagner die aus Leitmotiven gefügte Textur seiner Partituren bezeichnete, ist hochkomplex. Denn der Komponist belässt es nicht bei den naturhaften Motiven, stellt ihnen vielmehr differenzierte und vor allem harmonisch avancierte Motive an die Seite. Zudem wandeln sich die meisten Motive im Lauf ihrer »Geschichte«; und Wagners höchste Kunst besteht darin, sie immer wieder kühn und neu zu kombinieren.

Er selbst hielt nicht allzu viel von dem wenig aussagekräftigen Ausdruck »Leitmotiv« und sprach stattdessen lieber von »Motiven der Ahnung und Erinnerung«. Damit betonte er besagten Doppelsinn von Motiven, den ich in der vorangegangenen Variation erörtert habe: Durchaus im Sinne des nietzscheschen »Symbols« sind Motive einerseits nichts als musikalische Bausteine, die nur insoweit

Wert haben, als der Komponist aus ihnen ein in sich stimmiges Klanggebilde zu schaffen vermag. Sie greifen andererseits in die Handlung ein, indem sie Kommendes ankündigen, Vergangenes jäh in die Gegenwart zurückholen – und es damit der Fähigkeit des Unbewussten und des Traums gleichtun, Zeitebenen ineinanderzuschieben.

In seinem Buch Mimesis spricht der bedeutende Literaturwissenschaftler Erich Auerbach, ohne konkret auf Musik einzugehen, von der »figura« in der jüdisch-christlichen Literatur: Etwas bedeutet sich selbst und zugleich etwas anderes; und beides ist »in dem fließenden Strom enthalten, welcher das geschichtliche Leben ist«. Gleiches trifft auf Wagners »Motive der Ahnung und Erinnerung« zu: Sie sind, was sie sind, und gehen insofern auch demjenigen ins Ohr, der von den großen Zusammenhängen des Dramas nichts weiß; zugleich beziehen sie ihre Vitalität aus ebendiesem Drama, in dessen Verlauf sie sich wandeln.

In den Bayreuther Blättern, einer ebenfalls von Wolzogen herausgegebenen Zeitschrift, hat Wagner die Leitmotivtechnik im Ring des Nibelungen anschaulich beschrieben: Im Verlauf des Rheingold-Vorspiels, in dem er Vater Rhein über 136 Takte hinweg in reinem Es-Dur dahinströmen lässt, habe er unmöglich vom Grundton abgehen können, weil die Handlung fehlte, die dazu Anlass geboten hätte. Wenn jedoch im Verlauf des Dramas die handelnden Personen mit wachsender Leidenschaftlichkeit agieren, seien Harmonie- und damit Stimmungswechsel geradezu geboten. Mit berechtigtem Stolz erläutert Wagner die Subtilität seines kompositorischen Verfahrens am Beispiel des zweiten Walküre-Aktes anlässlich des Ausrufs »So nimm meinen Segen, Niblungen-Sohn!«. Wotans bittere Ironie gilt dem machtgierigen Nibelungenfürsten Alberich, dem er die Weltherrschaft überlässt, nachdem er hat erkennen müssen, dass seine eigenen Anstrengungen für eine auf Liebe und Freiheit gebaute Welt gescheitert sind – nicht zuletzt aufgrund

eigenen Versagens. Indem
Wagner in diesem Moment
Rheingold- und Walhall-Motive mithilfe einer »fremdartig ableitenden Harmonisation« zusammenzwingt, konzentriert er die in Wotans »furchtbar verdüsterter Seele« einander widerstreitenden Gefühle wie in einem akustischen Brennspiegel.

Bei ihrem ersten Auftreten haben beide Motive eine unkompliziert positive Ausstrahlung: Das Rheingold-Motiv steht für die vitalen Kräfte der urwüchsigen Natur, das Walhall-Motiv für die wundersame Mischung aus Pracht und Geborgenheit, wie sie die im Morgenglanz prangende Burg Walhall verspricht. Inzwischen ist aus dem Rheingold freilich jener verhängnisvolle Ring des Nibelungen geschmiedet worden, der Weltherrschaft verheißt und doch nur Unglück bringt: Wotan hat es am eigenen Leibe erfahren. Und Walhall hat nicht gehalten, was es versprach, wurde vielmehr zum Ehegefängnis statt zum Mittelpunkt segensreicher Herrschaft. Da verlieren die Motive ihren Glanz, mehr noch: Ihr Zusammenschluss verdreht sich ins negative Gegenteil, er wird »grell« – so Wagner über seine Modulation von as-Moll nach E-Dur, die mittels enharmonischer Verwechslung auf engstem Raum stattfindet.

In Friedrich Nietzsche hat die Komplexität von Wagners Leitmotivtechnik zu gleichen Teilen Bewunderung und Abneigung ausgelöst. Einerseits verschaffen ihm Partien der *Götterdämmerung*, in denen sich die Leitmotive türmen oder stauen, dasselbe angenehmwiderstrebende Gefühl wie das »Drehen eines Schlüssels in einem complicirten Schlosse«. Andererseits findet er Wagners Musiksprache nunmehr verworren und doch »so entsetzlich deutlich, als ob sie vor Tauben noch deutlich werden wollte«, und sehnt sich nach anderem – nämlich nach sinfonischen Klängen, die ihre Geheimnisse bei sich behalten können, oder gar nach einer rassigen und doch leichten *Carmen*.

5.
»Wer will unter die Sonaten?«
Glanz und Elend der Formanalyse

DEM LIED VOM KLEINEN REKRUTEN, das mir meine preußische Großmutter gern vorgesungen hat, sei hier eine mildere Fassung gegönnt:

> »Wer will unter die Sonaten, der muss haben ein Gewehr.
> Doch wo andre Kugeln laden, nimmt er die Formanalyse her.«

Dass sich das Wort Formanalyse nur mit Mühe ins Metrum der Liedmelodie einfügen lässt, entspricht der Sperrigkeit des Gegenstands. Denn auch die Formanalytiker, nach eigenem Verständnis die Eliteeinheit der Musikologen, wirken gelegentlich überanstrengt, wenn sie den Komponisten über die Schulter schauen und danach erklären sollen, wie wer was gemacht hat. Das Gewehr braucht der Formanalytiker, der sich mit der Struktur des Werks beschäftigt und dementsprechend auch Strukturanalytiker heißt, nicht zum Schießen – höchstens, um ein paar Warnschüsse in Richtung derer abzugeben, die sich dem Heiligtum der abendländischen »Opusmusik« allzu unbefangen nähern. Er braucht es jedoch, um sich als deren Schildwache Respekt zu verschaffen.

Seit es europäische Tonkunst gibt, also mehrstimmig komponierte und in Noten aufgeschriebene Musik, gibt es auch die dazugehörigen Erklärungen und Analysen. Den Anfang machten die gebildeten Mönche der karolingischen Zeit. Sie nahmen im Zuge ihrer vielseitigen Gelehrtentätigkeit eines Tages – grob gesagt: im

Zeitalter Karls des Großen – auch die Musik ins Visier und stellten sinngemäß fest: »Was das ungebildete Volk so vor sich hin singt und musiziert, ist wertloses Zeug und als Gegenstand unserer ›musica scientia‹, also der Musik-›Wissenschaft‹, nicht zu gebrauchen.« Und weiter: »Eigentlich gibt es noch gar keine Musik, die unseren wissenschaftlichen Ansprüchen entspricht. Also müssen wir sie erfinden; und natürlich erfinden wir sie so, dass sie vollkommen unseren Regeln gehorcht. Und das sind immerhin die Regeln des sagenhaften Pythagoras. Übrigens: Was sich nicht schlüssig analysieren lässt, sollte man erst gar nicht komponieren.«

Gesagt, getan: Die mittelalterlichen Mönche machten sich daran, ausführliche musiktheoretische Traktate zu verfassen, auf deren Basis sie dann »komponierten«: zunächst mehrstimmige Gesänge, sogenannte Organa, die in ihrem Schematismus niemanden außer ihnen selbst so recht begeistert haben dürften.

Im Laufe der Jahrhunderte streckten gottlob auch die Künstler unter den gelehrten Klosterbrüdern die Köpfe vor; und ihre spezifisch musikalische Fantasie sorgte dafür, dass einerseits die Kompositionsregeln komplexer, andererseits die künstlerischen Freiräume innerhalb dieser Regeln immer größer wurden. Mit Johann Sebastian Bach betrat dann definitiv die sogenannte Opusmusik die Bühne der europäischen Kunst. Der Begriff ist freilich neueren Datums und erst in der zweiten Hälfte des 20. Jahrhunderts üblich geworden. Er versucht zu umreißen, was den Analytiker am Musikwerk interessiert: eine Form, die nicht nur einfaches Gefäß für einen Inhalt ist, sondern sich selbst genügende und sich selbst erfüllende Struktur – also die vollendete Spezies jener »tönend bewegten Formen«, von denen schon die Rede war. Der vor dreißig Jahren verstorbene, bis heute einflussreiche Musikwissenschaftler Carl Dahlhaus hat das auf die Formel gebracht: »Analyse ist der niemals ganz gelingende Versuch zu begreifen und zu demonstrieren, dass sämtliche Teile eines Werkes sinnvoll aufeinander und auf das Ganze bezogen sind und dass jeder von ihnen in der Funktion aufgeht, die er erfüllt. Der Triumph der Analyse besteht in dem Nachweis, dass ein Werk, mindestens ein geglücktes, nicht anders sein kann, als es ist.«

Die Betriebsblindheit, mit der dieser kluge, vielseitige und hochgebildete Gelehrte hier argumentiert, ist mit Händen zu greifen. Gewiss war Dahlhaus ein Meister darin, komplizierte kompositorische Sachverhalte einleuchtend zu analysieren, Konstruktionspläne aufzudecken und auf den Punkt zu bringen. Aber wie wird ein Kunstwerk, das – auch im dahlhausschen Sinne – eines sein will, sich je sein Geheimnis entreißen lassen? Und besteht dieses Geheimnis nicht gerade darin, dass es viel Unverfügbares, Widersprüchliches, Offenes, Zufälliges gibt; dass also Kontingenz vorherrscht, wie der Philosoph sagen würde?

Ein Beispiel: In der 3. Variation war ausführlich von dem Klopfmotiv in Beethovens berühmter *Schicksalssinfonie* die Rede: Beethoven scheint es darauf anzulegen, dieses Motiv bis ins Finale mitzunehmen und damit grundlegend für den Ideengang der ganzen Sinfonie werden zu lassen. Dementsprechend wenden zünftige Formanalytiker allen Ehrgeiz auf, um in sämtlichen Sätzen Modifikationen des Klopfmotivs zu entdecken; das dient zugleich dem Nachweis, dass Beethoven prozesshaft komponiert und eins aus dem anderen zwingend entwickelt habe. Nun zeigt sich diese Tendenz in Beethovens *Fünfter* tatsächlich weitaus deutlicher als zum Beispiel in Mozarts *Prager Sinfonie* oder in Schumanns *Rheinischer*. Gleichwohl hat es mit dem Prinzip der Prozesshaftigkeit just dort ein Ende, wo es sich am besten bewähren könnte: im Finale der *Fünften*. Dessen Struktur lässt sich nämlich nicht etwa als logische Konsequenz vorangegangener motivisch-thematischer Arbeit deuten; vielmehr wechselt Beethoven ersichtlich vom argumentativen in den theatralischen Modus: Nach einer nervenspannenden

Zwischenmusik geht die Bühne auf, und in gleißend hellem Licht marschiert die Militärmusik – das Orchester ist nunmehr um Piccoloflöte, Kontrafagott und drei Posaunen verstärkt – zur letzten großen Parade auf. Der Coup ist gelungen, das Schicksal bezwungen! Niemand mag sich die Sinfonie anders vorstellen, als sie ist; doch ebenso wenig sollte man uns weismachen wollen, man könne durch eine Analyse auch nur annähernd herausfinden, warum das Opus so und nicht anders geworden ist.

Zurück zur Sonate aus Großmutters Lied: Ursprünglich bedeutete dieser Begriff nicht viel mehr als »Instrumentalstück« im Gegensatz zum »Vokalstück«. Erst zu Zeiten von Haydn und Mozart bildete sich dann jene Form heraus, die von den Theoretikern um die Mitte des 19. Jahrhunderts auf den Namen »Sonatensatzform« oder auch »Sonatenform« getauft werden sollte. In dieser Zeit engagierte man sich für die musikalische Volksbildung und erfand unter anderem auch die »Formenlehre«. Diese bis heute an Musikhochschulen und Universitäten gelehrte Disziplin versucht möglichst sinnfällig darzustellen, was unter einer musikalischen Form und unter musikalischen Formen zu verstehen ist und wie sich die Werke von Haydn, Mozart, Beethoven und Schubert usw. nach diesem Ordnungssystem »erklären« lassen. Als Modell des zum Lehrgegenstand erhobenen Sonatensatzes wählte man die Grammatik der Sprache. Der Einteilung in Subjekt, Prädikat und Objekt usw. entsprach im Sonatensatz die Einteilung in Hauptsatz, Seitensatz, Schlussgruppe, Exposition, Durchführung, Reprise usw.

Doch während beispielsweise Goethes *Wilhelm Meister* durch eine grammatikalische Analyse zwar nicht sonderlich erhellt, aber auch nicht vergewaltigt wird, ist Letzteres bei Analysen, die etwa einem Streichquartettsatz des späten Beethoven unbedingt ein Sonatensatzschema überstülpen wollen, der Fall. Viele der Komponisten, deren Werke man sich in der Formenlehre vornahm, hatten den Terminus noch gar nicht gekannt; auf jeden Fall betrachteten sie die Form, die man später als »Sonatensatz« zum Lehrgegenstand machte, eher undogmatisch. In ihren Augen glich der Verlauf eines Sonatensatzes einer Kutschfahrt mit den Stationen »Exposition«, »Durchführung«, »Reprise« und »Coda«: Zwar mussten die Stationen möglichst der Reihe nach angefahren werden, doch hinsichtlich der Streckenführung gab es viel Freiheit.

Doch dann kamen die »Stallmeister der musikalischen Formen-Reitschule«, wie ihr Zeitgenosse, der Pianist und Dirigent Hans von Bülow, sie spöttisch nannte, um aus der zwanglosen Kutsch- eine zünftige Eisenbahnfahrt zu machen, mit festliegendem Schienenstrang und unveränderlichem Fahrplan. Mit anderen Worten: Sie konstruierten *erst* eine lehrbuchgeeignete Sonatensatzform und ließen *dann* ihre Studenten prüfen, ob sich die Komponisten auch fein an dieselbe hielten. Und zumindest unterschwellig galt die Devise: Die Form ist der Sinn.

Die heutige Musiktheorie agiert zwar oftmals weit weniger schulmeisterlich und weiß Abweichungen von der Regel als kreative Leistungen zu würdigen. Gleichwohl steht sie insofern Gewehr bei Fuß, als sie musikalische Formverläufe auch weiterhin mit Vorliebe vom imaginären Sonatensatzschema her deutet. Erschließt sich uns auf diese Weise das Wesentliche der Musik? Bitte weiterlesen!

6.
»... keine Idee von einem geordneten musikalischen Aufbau«
Müssen wir in Formenlehre besser werden?

VOR EINIGEN JAHREN fand sich eine Gruppe von Musikkritikern zu einem Experiment bereit: Man stellte ihnen zwei Aufnahmen des ersten Satzes von Beethovens *Fünfter* vor und bat, die Unterschiede herauszufinden. Einige hörten das Gras wachsen, doch einer meinte: »Wir sollen auf den Arm genommen werden: Die Aufnahmen sind identisch!« Damit hatte er fast recht, aber doch nicht ganz. Denn in der zweiten Aufnahme fehlten schlichtweg acht Takte aus der Durchführung – so geschickt herausgeschnitten, dass vordergründig kein Bruch erkennbar war.

Das riecht nach »Formenlehre: mangelhaft«! Denn bekanntlich folgt der erste Satz der *Fünften* so lehrbuchmäßig dem Sonatensatzschema, dass Kenner des Werks es eigentlich bemerken müssten, wenn der Durchführungsteil um glatte acht Takte verkürzt wird. Gleichwohl wäre Schadenfreude gegenüber den Profis nicht angebracht. Auf eine falsche Fährte gelockt, haben sie reagiert wie alle Musikliebhaber. Die kriegen dergleichen nicht mit, weil sich an ihnen ein Urgesetz jeglicher Begegnung von Mensch und Musik erfüllt: Die Musik führt, die Hörer folgen ihr vertrauensvoll wie die Kinder ihrer Mutter. Sie fragen nicht ständig nach: »Was hat sie gesagt?«, sondern lauschen dem, *was* sie sagt. Anthropologen erklären dieses Verhalten damit, dass das Gehör ein eher passiver Sinn ist, welcher die aktive, intellektuelle Durchdringung der Welt gern dem Auge überlässt.

Hier tut sich ein Widerspruch zu der Vorstellung auf, »große« klassische Instrumentalmusik habe ein Recht darauf, in ihrer ganzen weitgespannten Konstruktion – also gleichsam intellektuell – wahrgenommen zu werden. Ein Sinfoniesatz sei nicht als Kette spannender Einzelereignisse, vielmehr als ein Klanggebäude zu verstehen, an dessen Errichtung die Zuhörer beim Hören aktiv mitzuwirken hätten. Das heißt, am Ende eines Satzes oder gar einer ganzen Sinfonie müsse vor ihrem geistigen Auge der Formplan stehen: Wie stellten sich die Proportionen dar, was hat sich wiederholt, was mit wem kontrastiert, welches Element zog sich von Anfang bis Ende durch, welches tauchte nur an exponierten Stellen auf usw.?

Dem Komponisten, der über seiner Partitur wie über einem Bauplan gesessen hat, steht sein Werk im Idealfall tatsächlich in diesem Sinne vor Augen. Auch Dirigenten sollten fähig sein, einen Sinfoniesatz in jedem Moment als Ganzes zu überschauen, anstatt nur an der Partitur entlangzudirigieren. Dass der gemeine Zuhörer damit seine Schwierigkeiten hat, ist jedoch nicht nur anthropologisch, sondern auch historisch bedingt.

Wie in der ersten Variation angedeutet, hat sich die Musik seit ihren Anfängen der Aufgabe gewidmet, eine Zeitspanne mit Sinn zu füllen, die sonst als leer, endlos, ängstigend oder belastend erlebt worden wäre. Dies geschah durch die Herstellung eines prägnant gegliederten Kontinuums, also in Gestalt von Reihungsstrukturen und häufigen Wiederholungen. Auch elaboriertere Formen wie Lied und Tanz sind noch nahe bei diesen Anfängen; und selbst in entwickelter Kunstmusik hat man komplexere Formen zunächst nur dort einzuführen gewagt, wo sie mit einem Text verbunden waren oder von einem Virtuosen rhapsodisch-fesselnd vorgetragen wurden. »Musikalische Architektur« als Wert an sich zu bewundern ist bis weit ins 18. Jahrhundert hinein nur einigen Experten eingefallen – etwa angesichts von Bachs *Kunst der Fuge*. Dergleichen galt als »gelehrte« Musik für Kenner, der man die »galante« Musik für Liebhaber und Laien gegenüberstellte. In der Ära von

Haydn, Mozart und Beethoven geschah dann etwas Wunderbares, das diesen Komponisten alsbald zur Weltgeltung verhalf: Unter anderem auf der Grundlage des später so bezeichneten Sonatensatzes, der gelehrte und galante Elemente trefflich zu vereinen weiß, entwickelte sich eine Musiksprache, die verständlich und tiefgründig zugleich war. Über drei seiner Wiener Klavierkonzerte schreibt Mozart dem Vater, sie seien »angenehm in die Ohren, natürlich ohne in das leere zu fallen«, und überhaupt komponiert, dass die »Kenner« genug »Satisfaktion« erhalten und »Nichtkenner« mit ihnen »zufrieden sein müssen, ohne zu wissen, warum«.

Gleich Mozart sind auch Haydn und Beethoven – Letzterer nur unausgesprochen – Pragmatiker: Sie erwarten nicht, dass jeder die kompositorischen Baupläne und technischen Finessen mitbekommt. Sie legen jedoch Wert darauf, dass man das genialische Moment ihrer Werke erkennt und würdigt. An dieser Differenzierung tun sie gut; denn selbst ein so musikalischer Zeitgenosse wie der Dichter Ludwig Tieck interessiert sich ersichtlich weniger für die Machart als für die Botschaft der Werke, wenn er in seinem Essay *Symphonien* schreibt: »Der Komponist hat hier ein unendliches Feld, um seine Gewalt, seinen Tiefsinn zu zeigen. Hier kann er die größten, die groteskesten Bilder erwecken und ihre verschlossene Grotte öffnen; Freude und Schmerz, Wonne und Wehmut gehn hier nebeneinander, dazwischen die seltsamsten Ahndungen, Glanz und Funkeln zwischen den Gruppen. Und alles jagt und verfolgt sich und kehrt zurück, und die horchende Seele jauchzt in dieser vollen Heiterkeit.«

Manchmal tun die Nichtkenner vielleicht ganz gut daran, nicht zu beflissen auf formale Stimmigkeit zu achten. Welcher Fachmann könnte ihnen unter diesem Aspekt etwa die Finalsätze von Beethovens *Eroica* und *Neunten Sinfonie* – über allgemeine Feststellungen wie zum Beispiel »Variationensatz« hinaus – überzeugend erklären? Ich könnte es jedenfalls nicht!

Die Sinfonik nach Beethoven ist von einer Überbietungsstrategie gekennzeichnet, welche die Werke schon wegen ihrer wachsenden Länge strukturell schwer überschaubar macht. In seiner Schrift *Wer ist musikalisch?* bekennt der Brahms-Freund Theodor Billroth, einer der bedeutendsten Chirurgen seiner Zeit und zugleich ein leidenschaftlicher Streichquartettspieler: »Bei Mendelssohn und Chopin ging ich von selbst enthusiastisch mit, für sie reichte meine bis dahin erworbene musikalische Bildung aus; zu Schumann und Brahms brauchte ich Führer.« Just in dieser Zeit beginnt folgerichtig der Erfolg von Hermann Kretzschmars *Führer durch den Konzertsaal.*

Der für Billroth nur noch mit »Führer« verständliche Brahms demonstriert seinerseits die Problematik entsprechender Diskurse, indem er völliges Unverständnis gegenüber den Sinfonien seines Lokalrivalen Bruckner zeigt: »Da handelt es sich, wenigstens zunächst, gar nicht um die Werke, sondern um einen Schwindel, der in ein zwei Jahren tot und vergessen sein wird.« Und weiter: »Er hat keine Ahnung von einer musikalischen Folgerichtigkeit, keine Idee von einem geordneten musikalischen Aufbau.«

Da lacht sich Richard Wagner ins Fäustchen. Für ihn ist diese moderne »Symphoniesatz-Konstruktion« ohnehin nur viel Lärm um nichts: »Es ging und geht in unseren Symphonien und dergleichen jetzt weltschmerzlich und katastrophös her; wir sind düster und grimmig, dann wieder muthig und kühn; wir sehnen uns nach der Verwirklichung von Jugendträumen; dämonische Hindernisse belästigen uns; wir brüten, rasen wohl auch: da wird endlich dem Weltschmerz der Zahn ausgerissen; nun lachen wir und zeigen humoristisch die gewonnene Weltzahnlücke, tüchtig, derb, bieder, ungarisch oder schottisch, – leider für andere langweilig.«

Ob spannend oder langweilig: Das »Geheimnis der Form« – wie so manche musiktheoretische Arbeit betitelt ist – wird sich auf analytischem Weg einmal besser, einmal schlechter, jedoch nie vollständig entschleiern lassen. Ist das ein Mangel? Oder anders gefragt:

Ist strukturelles Hören tatsächlich der Königsweg? Müssen wir gar Theodor W. Adorno folgen, der als »gänzlich adäquaten Hörer« nur den akzeptierte, der die Formteile des zweiten Satzes aus Anton Weberns Streichtrio op. 20 nennen – also mit einem unter allerlei Komplikationen zwölftönig komponierten Sonatensatz umgehen konnte?

Immerhin teilen viele Komponisten die Auffassung der Lebensphilosophen, dass der Begriff töte: Sie wünschen sich keine kompositionstechnisch beschlagenen Hörer, sondern solche, die emotional mitgehen und sich von der Botschaft der Musik faszinieren lassen. Und sie vertrauen darauf, dass sich die »Form« dabei von selbst erschließen werde. Es soll sogar Dirigenten geben, welche diese »Form« vergessen, sobald sie den Taktstock heben: Sie wollen sich ganz dem Augenblick hingeben. Andere Interpreten werden wegen ihrer Fähigkeit zur analytischen Durchdringung der musikalischen Struktur gerühmt. Es hat jedoch keinen Sinn, den einen gegen den anderen Typus auszuspielen: Jenseits aller Interpretationsstile weiß sich Musik selbst zu helfen und auszudrücken, was sie ausdrücken will.

7.
»... immer etwas Bestimmtes zu sagen«
Durchführung

DIE MUSIKANALYTISCHEN SEMINARE von Professor G. an der Kieler Christian-Albrechts-Universität besuchte ich vor allem wegen der geselligen Abende, zu denen der freundliche Gelehrte die Teilnehmer einmal im Semester in sein Haus einlud: Dort gab es eine schöne Tochter, die man beim Flötenspiel begleiten konnte. In den Seminaren selbst wurde mir immer blümerant zumute, wenn die »Durchführung« eines Satzes an die Reihe kam. Professor G. unterschied dogmatisch zwischen einem *harmonischen*, einem *thematischen* und einem *dynamischen* Typus. Dementsprechend hatte man zu fragen: Gibt es harmonische Verwicklungen, arbeitet der Komponist mit Elementen aus den in der »Exposition« vorgestellten Themen, oder wird's bis zum großen Tschingdarassabumm beständig lauter?

Störend waren die vielen Mischformen. Und geradezu Kummer bereiteten Durchführungen, auf die gar nichts recht passen wollte. Als ich daraufhin einmal keck zu bedenken gab, man müsse vielleicht das Analysebesteck schärfen, antwortete Professor G. mit halb ernster, halb gespielter Ratlosigkeit: »Was wollen Sie denn machen, wenn die Musik nur so *abläuft*?« Also schlug ich »Ablaufform« vor; und anstatt den Spott zu merken, griff Professor G. den Terminus erst zögernd, dann immer bereitwilliger auf: War eine Durchführung gar nicht zu bändigen, sprach man im Seminar künftig von der Ablaufform.

Gut sechzig Jahre früher fand im nahe gelegenen Hamburg ein unvergleichlich bedeutenderes Gespräch über die Durchführung statt: Der damalige erste Kapellmeister des Staatstheaters, Gustav Mahler, führte es mit seinem gleichaltrigen tschechischen Kollegen Josef Bohuslav Foerster. Angelpunkt des Gesprächs war vermutlich die unkonventionelle Form von Mahlers *Zweiter Sinfonie* mit der »Fischpredigt« und dem »Schrei des Ekels« im Scherzo sowie dem Auferstehungschoral im Finale. Jedenfalls verglich man die Gattungen Sinfonie und Sinfonische Dichtung. Als es dabei um die Funktion der Durchführung ging, bemerkte Mahler, Beethoven habe »immer etwas Bestimmtes zu sagen« gehabt, was man von den Nachfolgern leider nicht behaupten könne: »Daß Mendelssohn und Schumann wieder ›Durchführungen‹ zu schreiben begannen, ist ihre Sache. Gewiß haben sie gefehlt.«

Da wird die Durchführung – anders als bei den Hans von Bülow so verdächtigen »Stallmeistern der musikalischen Formen-Reitschule« – aus der kompositionstechnischen Ecke geholt und inhaltlich gedeutet. Mozart, so Mahlers Vorstellung, musste nicht mehr tun, als die Themen »meisterlich durcheinanderzumischen«; denn seine Durchführungen waren (von späten Werken abgesehen) oftmals so gut zu überschauen, dass sie kaum mehr als eine weit ausschwingende Brücke zwischen Exposition und Reprise darstellten. Dann kommt Beethoven, der seine Sinfonien – und kaum weniger seine Klaviersonaten und Streichquartette – als Ideenkunstwerke versteht und sie auch deshalb immer größer dimensioniert: Prozesshaftigkeit des musikalischen Geschehens soll dafür sorgen, dass der Hörer nicht den Faden verliert. Einen Gipfelpunkt stellt in dieser Hinsicht der erste Satz der *Eroica* dar. Aus der Partitur geht hervor, dass Beethoven ihn nicht als dreiteilig, sondern in traditioneller Weise als tendenziell zweiteilig verstand: vor dem Doppelstrich die Exposition, nach dem Doppelstrich »alles Übrige«. Dieses »Übrige« lässt sich jedoch nicht als Abfolge von Durchführung und Reprise beschreiben, sondern treffender als eine einzige große Durchführung, die erst nach gewaltigen Anstrengungen und mehrfachen Klärungsversuchen wieder zur Anfangskonstellation aufschließt.

Man muss die *Eroica* nicht unbedingt mit dem Prometheus-Mythos in Verbindung bringen, um zu erkennen, dass sie im Sinne eines Ideenkunstwerks narrative Züge trägt. Und das gilt speziell für die Durchführung des ersten Satzes. Dort erscheint nach langem Ringen eine Melodie in e-Moll, von der Oboe wie von einer menschlichen Stimme vorgetragen und überhaupt die erste wirkliche Melodie im ganzen Satz; denn das Anfangsthema in Es-Dur war ja schon nach neun Tönen an dem leiterfremden *cis* gescheitert, das gleich einem Warnschild signalisiert, dass in diesem Opus mit einfachen Lösungen nicht zu rechnen sei. Es-Dur und e-Moll sind durch den Terzton *g* miteinander verbunden, ansonsten aber durch eine Welt getrennt, wobei e-Moll gegenüber Es-Dur die *höhere* Stufe symbolisiert. In diesem Sinne ergeht die Einladung an die Hörer, nicht nur an dem prometheischen Ringen Anteil zu nehmen, das die Durchführung der *Eroica* offenkundig durchzieht, sondern auch in den »erhebenden« e-Moll-Gesang einzustimmen, der für eine Weile tröstlichen Zuspruch gewährt.

Um dem »Bestimmten« näher zu kommen, das nach Gustav Mahlers Auffassung aus Beethovens Durchführungen herauszuhören ist, braucht man in diesem Fall nicht nach ausführlichen Programmen zu suchen; es genügt, dem narrativen Duktus zu folgen. Ähnlich verhält es sich mit der Sechsten, der *Pastorale*: Um sie vor dem Odium einer Programmsinfonie zu bewahren, gab Beethoven ihr die wohlüberlegte Erläuterung mit: »Mehr Ausdruck der Empfindung als Malerei.« Gleichwohl hat er in der Durchführung auch dieses Kopfsatzes etwas »Bestimmtes« im Sinne Mahlers zu sagen, wenngleich auf ganz unerwartete Weise. Was diesmal in der Durchführung geschieht, widerspricht nämlich deren traditioneller Aufgabe, den musikalischen Prozess voranzubringen. Stattdessen zelebriert Beethoven die in sich ruhende Natur: Diese »führt nicht

durch«, sondern verströmt sich. Der Komponist erlaubt es sich, einen Abschnitt von 46 Takten einfach zu wiederholen und eine aus dem Eingangsmotiv gewonnene Spielfigur zweiunddreißigmal erklingen zu lassen, freilich in unterschiedlicher harmonischer Schattierung und Orchestrierung. Der Zuhörer ist dadurch eingeladen, nur dazusitzen und die Idylle an sich vorüberziehen zu lassen.

Zwei bekannte Sinfonien seiner Nachfolger greifen Beethovens Naturthema auf: Mendelssohns *Italienische* und Schumanns *Rheinische Sinfonie*. Beide glänzen durch Eröffnungen, die es an Schwung mit Beethovens Anfängen mühelos aufnehmen. Doch dann kommen jene Durchführungen, auf die nach Gustav Mahlers Einschätzung besser verzichtet worden wäre. In der Tat gibt es da Leerlauf, auch wenn ihn der eine Hörer mehr, der andere weniger empfindet. Bezeichnenderweise war Mendelssohn mit seiner *Italienischen* selbst so wenig zufrieden, dass er sie letzten Endes zurückzog: Zuvor hatte er

 die Sätze zwei bis vier einer gründlichen Revision unterzogen, war jedoch mit der Überarbeitung des Kopfsatzes, auf den es hier vor allem ankommt, nicht weitergekommen. War ihm auch nach eigener Einschätzung die Durchführung zu nichtssagend geraten?

Wer hätte heute Lust, über dergleichen nachzudenken? Längst ist das Werk dem Konzertrepertoire einverleibt, wenn auch geradezu gegen den Willen des Komponisten; es wird affirmativ gehört und goutiert. Die Zeitgenossen waren da noch kritischer gewesen. Selbst die Verfechter der sogenannten absoluten Musik à la Eduard Hanslick fragten durchaus differenziert nach dem Sinn kompositorischer Maßnahmen; und noch mehr taten dies Berlioz und Liszt. Beide Komponisten, die man zu ihren Zeiten paradoxerweise zu den Häuptern einer »neudeutschen Schule« rechnete, obwohl sie weder deutsch geboren waren noch deutsch dachten, hatten nicht den Ehrgeiz, mit Beethovens Sinfonien in formaler Hinsicht zu rivalisieren. Sie verzichteten deshalb von vornherein auf strenge Durchführungen und schrieben stattdessen Programmsinfonien oder Sinfonische Dichtungen, die gleichsam eine einzige Durchführung darstellen – zwar nicht im formalen Sinn, wohl aber mit Blick auf eine poetische Idee.

In unseren Breiten neigt man dazu, fleißiges Durchführen mit deutscher Wertarbeit und löblichem Respekt vor der klassischen Tradition gleichzusetzen. Ist dies auch aller Ehren wert, so genügt doch ein Blick hinüber nach Frankreich, wo man schöne Musik schreibt, ohne in Sachen Durchführung vom *Furor teutonicus* besessen zu sein.

8.
»Mit einem einzigen Accord sind wir uns näher als mit allen Redensarten«
Die revolutionäre Kraft der Harmonik

DAS MENUETT aus dem ersten Finale von Mozarts Oper *Don Giovanni* könnte nicht regelmäßiger gebaut sein: Je zwei Takte schließen sich zu vier Takten zusammen, je vier zu acht und je acht zu sechzehn – die perfekt konstruierte Periode. Mozart benötigte eine so klar strukturierte Musik für eine Tanzszene, die zwar turbulent endet, zunächst aber mit dem höfischen Zeremoniell des Menuett-Tanzes beginnt.

Wenn dem Choreografen, der diese Szene in Bewegung umsetzen will, nicht nach Extravaganzen der Sinn steht, kann er sich von der Musik vorgeben lassen, was zu tun ist, genauer gesagt: von der Harmonik. Diese bewegt sich von der Tonika (Dreiklang auf der ersten Stufe) zur Dominante (Dreiklang auf der fünften Stufe) und wieder zurück zur Tonika und symbolisiert damit ein kleines Stück Welterschließung: Von der sicheren Basis des Grundakkordes aus wagt man den Schritt ins Offene, um dann wieder »nach Hause« zurückzukehren. Also: Der Weg bis zum Doppelstrich (die Takte eins bis acht) bedeutet »Öffnen«, der Weg zurück (die Takte neun bis sechzehn) bedeutet »Schließen«.

Das ist ein einfaches Beispiel für »Funktionsharmonik«, also für ein System, in dem jeder Zusammenklang eine bestimmte Funktion hat; ganz so wie Subjekt, Prädikat und Objekt in einem Satz. Zwar findet auch in den Tänzen älterer Kulturen, deren Musik von Funktionsharmonik noch nichts weiß, Welterschließung statt, womöglich sogar noch drastischer als in neuzeitlichen europäischen Tänzen. Die moderne Errungenschaft, als die man die Funktionsharmonik bezeichnen kann, gibt jedoch die Möglichkeit, dieses symbolhafte Geschehen von seiner sichtbaren Choreografie unabhängig zu machen und ganz der unsichtbaren Choreografie der Musik anzuvertrauen. Auf diese Weise kann man den Tanz mit dem Ohr nachvollziehen, ohne sich selbst bewegen oder beim Tanzen zuschauen zu müssen.

Welches Maß an Sublimierung hier im Laufe der Jahrhunderte stattgefunden hat, lässt sich an den Wandlungen der höfischen Kultur ablesen. Ließen sich die alten Herrscher zu ihrer Unterhaltung vor*tanzen*, so hielt sich bereits jeder Barockfürst ein Orchester, das ihm eine Reihe von beliebten höfischen Tänzen in Form einer kunstvoll komponierten Suite vor*spielte*. Natürlich kann man auch zu dieser Musik tanzen, von der Ouvertüre einmal abgesehen. Der Tendenz nach dient sie jedoch dem Hörgenuss; und wenn Johann Sebastian Bach seine Orchestersuiten oder Ouvertüren, wie man sie nach dem gewichtigen Kopfsatz nennt, am Köthener Hof oder später in Zimmermanns Leipziger Kaffeehaus aufführte, tanzte mit großer Sicherheit niemand mehr dazu.

Hier nun kommt die Funktionsharmonik ins Spiel. Das breite Publikum jener Zeit mochte sich rein instrumentale Musik nur unter der Bedingung anhören, dass sie leicht konsumierbar war. Deshalb fing man mit der Komposition von Tänzen an und ging zu Zeiten Haydns und Mozarts dann zu jener Form über, die weiter vorne in diesem Buch unter den Stichworten Sonate und Sonatensatzform bereits beschrieben worden ist. Diese neuen Sonatensätze sind zwar formal komplizierter als Tanzsätze. In *einem* Punkt aber knüpfen sie an deren Überschaubarkeit an: Der harmonische Aufriss stellt eine Ausweitung des Schemas dar, das uns zum Beispiel in Mozarts *Don-Giovanni*-Menuett begegnet. Die Exposition führt von der Tonika zur Dominante und »öffnet«; Durchführung und Reprise, die analog zum Tanzsatz als ein zusammenhängender Teil gesehen werden, führen zur Tonika zurück und »schließen«. Während sich dieser Verlauf in den frühen Sinfonien Mozarts noch recht einfach darstellt, lässt er sich bei Beethoven nur mit einigem Sachverstand nachvollziehen. Dennoch gilt auch dort: Dass wir anspruchsvoller sinfonischer Musik über weite Strecken folgen können, ohne den Faden zu verlieren, liegt vor allem an dem gut nachvollziehbaren Wechsel von Spannung und Entspannung im harmonischen Verlauf.

Schubert, Schumann, Mendelssohn, Bruckner, Brahms, selbst Mahler – keiner der großen Sinfoniker neben und nach Beethoven bricht konsequent mit der Vorstellung, dass die Architektur ausgedehnter Instrumentalsätze entscheidend durch die Tonika-Dominante-Spannung bestimmt werde, die hier pars pro toto für das ganze System der funktionalen Harmonik stehen möge. Konservative Kreise verbreiten geradezu die Überzeugung, dass die Musik im Chaos landen werde, wenn dieses System in die Brüche gehe. Daraus erklärt sich die Heftigkeit, mit der die »Neudeutschen« um die Mitte des 19. Jahrhunderts bekämpft werden, zu denen man neben den schon genannten Berlioz und Liszt vor allem Wagner zählt. Allen dreien wirft man groben Missbrauch des alt bewährten Systems vor. Anstatt mit dessen Hilfe für eine klare musikalische Architektur auf der Basis der Tonika-Dominante-Spannung zu sorgen, setzen sie angeblich nur noch auf pikantere Klangreize. Die Harmonie verliere somit ihre Funktion als Ordnungsfaktor und diene nur noch zur Erweiterung der akustischen Farbpalette.

Für einen prominenten Kritiker wie François-Joseph Fétis, der um 1850 gemeinsam mit seinem Sohn die Geschicke der einflussreichen Revue et Gazette musicale de Paris lenkte, war dies alles nicht nur Ausdruck künstlerischer Verirrung, sondern auch Symptom politischen Revoluzzertums. Seinem Hauptfeind Richard Wagner warf der Brüsseler Konservatoriumsdirektor nicht nur vor, die Grundlagen der traditionellen Kunst zu untergraben, »um auf den Trümmern das Gebäude einer Kunst zu errichten, die allein von einem kranken Hirn empfangen worden sein kann«. Vielmehr brandmarkte er ihn auch als Kommunisten, Sozialisten und Teilnehmer am Dresdner Maiaufstand von 1849.

Dass Musik hier als Indikator für gesellschaftliche und politische Ordnung – bzw. Unordnung – herhalten muss, ist durchaus nicht neu. Schon der legendäre chinesische Kaiser Shun lauschte aufmerksam den Tönen der pentatonischen Skala und den acht Arten der Musikinstrumente, wenn er sich vergewissern wollte, dass er seine Regierungsgeschäfte richtig und zum Wohl des Reiches durchführte; und der griechische Philosoph Plato wollte in seinem Idealstaat überhaupt nur bestimmte, nämlich in seinen Augen staatstragende Musik zulassen.

Wer Monsieur Fétis wegen derartiger Ansichten für reichlich rückständig hält, sollte für einen Moment ans 20. Jahrhundert denken, als man »entartete Kunst« gern mit »Kulturbolschewismus« in Verbindung brachte oder auf der politischen Gegenseite missliebige Werke von Schostakowitsch als Ausdruck westlicher Dekadenz anprangerte.

Doch zurück zur Revolutionierung der Harmonik: Was vorher Ausnahme gewesen war, wird nun zur Regel. Stabile Intervalle wie die große Sekunde, die große Terz, die Quarte und Quinte usw. werden chromatisiert, das heißt um einen halben Ton erhöht oder erniedrigt. Das macht die Klänge farbiger und origineller. »Mit einem einzigen Accord sind wir uns näher als mit allen Redensarten«, schreibt Franz Liszt unter dem Eindruck des Lohengrin an Richard Wagner, und er spielt damit auf den Dominantseptakkord mit hochalterierter Quinte zu den Worten »Das süße Lied verhallt; wir sind allein« an. Wer bisher zweifelte, wie er sich die Stimmung im Brautgemach von Elsa und Lohengrin vorstellen solle – durch diesen Akkord weiß er es.

Wagner hat in Fragen Reizharmonik viel von seinem Gönner und späteren Schwiegervater Liszt gelernt, ihn jedoch an Wirkungsmacht rasch überflügelt. Zur Erzeugung bestimmten Kolorits lässt er Harmonik und Instrumentation Hand in Hand gehen: »Wer in meinem Urteil über meine Musik die Harmonie von der Instrumentation trennt, tut mir ein ebenso großes Unrecht wie der, der meine Musik von meiner Dichtung und meinen Gesang vom Worte trennt«, heißt es im Brief an den Freund Theodor Uhlig. Vom *Ring des Nibelungen* an wird jedes seiner Musikdramen sein eigenes Klangkolorit haben. Demgemäß gibt Wagner seiner Gattin Cosima während der Arbeit am *Parsifal*, mit dem er sein Schaffen abschließt, zu verstehen, dass »das affektvoll Sensitive« früherer Werke nun nicht mehr »gegangen« sei: »Du wirst sehen, die kleine Septime war nicht möglich!«

Und was verleiht den Werken der »Neudeutschen« Struktur, wenn sie die Harmonik immer weniger als Formelement und immer pointierter mit koloristischer Intention einsetzen? Die Antwort ist in den vorangegangenen Variationen angeklungen: Berlioz und Liszt bedienten sich literarischer Programme, Wagner arbeitete mit dem »Gewebe« der Leitmotive.

9.
».. . was ich höre, sind Schläge!«
Musik als Körpersprache

IN SEINEM ROMANZYKLUS *Auf der Suche nach der verlorenen Zeit* lässt Marcel Proust den Helden und Flaneur Swann wider alle Gewohnheit schon zur Nachmittagsstunde bei Odette vorbeischauen, die er mit Bestimmtheit daheim weiß: Siesta haltend oder Briefe schreibend. Er schellt, meint Schritte zu hören, wird jedoch nicht eingelassen. Swann tritt auf die Straße, klopft von außen nachdrücklich an die verhangenen Scheiben des Schlafzimmers, ruft – jedoch vergeblich. Nachbarn beobachten sein Treiben und damit eine Szene, die ihre Alltäglichkeit noch nicht dadurch verliert, dass Verstimmung aufkommt...

... die jedoch eine Tiefendimension erhält, als der Leser erfährt, dass Swann die Geliebte eine Stunde später antrifft und in ihren Erklärungen Lügen zu entdecken glaubt. Natürlich, reflektiert Swann, ist kein Anlass zu tödlicher Trauer, die mit dem Rausch des Selbstmords aufgeladen sein müsste. Doch immerhin denkt er daran, in seinem Budget eine Summe zur Überwachung Odettes einzusetzen – derjenigen vergleichbar, die er zur Behandlung eines regelmäßig aufbrechenden Ekzems bereithält.

Wenn ich diesen Passus lese, erlebe ich ein Gefühl körperlichen Unbehagens: Der »tiefe Goldgrund von Friede«, den ein Proust-Kenner an dem epochalen Werk rühmte, erweist sich plötzlich als löchrig und gibt den Blick auf eine Tiefenschicht frei, in der augenscheinlich alles andere als Friede herrscht. Proust psychologisiert nicht und lässt uns deshalb bei der Selbsteinsicht des Helden zurück, dass seine Eifersucht eine Art ausbaufähiger, zumindest pflegenswerter Krankheit darstellen müsse. Wir Leser dürfen freilich tiefer blicken und beobachten, dass es sich bei dieser Krankheit um die Nachwirkungen frühkindlicher Verstörung handelt. Verstörung darüber, dass die Mutter nicht da ist, wenn man sie braucht. Das ist ein Schock; und der Romankunst Prousts gelingt es, ihn als solchen sinnlich erfahrbar zu machen: Mit einem Male zieht nicht mehr nur ein verkorkster Nachmittag an uns vorbei, wir werden vielmehr mit Signalen aus der Tiefe konfrontiert, die bis zu körperlichen Symptomen reichen. Und nunmehr ist das bei nassem Wetter auftretende Ekzem nicht allein leitmotivischer Begleiter einer Figur – wie etwa der Tic Christians in den Buddenbrooks –, sondern akute Drohung des Körpers. Dem Musikfreund kommt an diesem Punkt der erste Satz aus Schuberts Sinfonie in h-Moll in den Sinn, der Unvollendeten. Dort hört man in den Takten 20/21 einen unheilschwangeren Bläsereinwurf. Ist es wirklich nur ein »eingeschobener Takt«, wie auch ein so sensibel analysierender Musikforscher wie Stefan Kunze nüchtern feststellt? Und was hat es mit dem drohenden Fortissimo auf sich, das – nach vielsagender Generalpause – dem Wohlklang des zweiten Themas ein jähes Ende setzt? Der Formanalytiker sieht hier immer nur »Einschübe« und »Unterbrechungen«, obwohl offenbar Dramatisches geschieht, nämlich der Ausbruch bis dahin unterdrückter Gewalt. In der Durchführung der Unvollendeten verschärft sich diese Auseinandersetzung zwischen traditioneller Musiksprache und triebbewegtem Körper. Schon immer ist aufgefallen, dass Schubert hier nicht eigentlich »durchführt«, sein Motiv also nicht im Sinne des heroischen Beethoven vorwärtspeitscht, vielmehr mit ihm ringt, ohne doch wirklich vom Fleck zu kommen. Mit aller Energie stemmen sich die Kräfte des inzwischen ganz unverhohlen agierenden »Körpers« gegen die traditionelle, ihm vom Sonatensatz aufgezwungene Verlaufsstruktur.

Ein Philosoph wie Roland Barthes, der zwar Musikkenner, aber ein Gegner aller Musiktheorie war, beschreibt dergleichen noch viel drastischer. Seinen Essay *Rasch*, der Robert Schumanns Klavierzyklus *Kreisleriana* gewidmet ist, beginnt er provokativ mit dem Satz: »In den ›Kreisleriana‹ höre ich eigentlich keine einzige Note, kein Motiv, kein Thema, keine Grammatik, keinen Sinn, nichts, was eine irgendwie geartete intelligible Struktur des Werks wiederherzustellen erlauben würde. Nein, was ich höre, sind Schläge: ich höre das, was im Körper schlägt, was den Körper schlägt, oder besser: diesen Körper, der schlägt.« Und weiter: »In der ersten ›Kreisleriana‹ rollt es sich zusammen und dann webt es, in der zweiten streckt es sich und dann erwacht es: es sticht und stößt und funkelt düster, in der dritten spannt es sich, dehnt es sich aus: aufgeregt.«

Nicht von ungefähr wählt Barthes hier Schumanns *Kreisleriana* als Objekt seiner Erfahrung, denn dieser romantische Klavierzyklus hat seinen Namen nach jenem halb irren Kapellmeister Johannes Kreisler, den sein Schöpfer E. T. A. Hoffmann sagen lässt: »Ein wüstes wahnsinniges Verlangen bricht oft hervor nach einem Etwas, das ich in rastlosem Treiben außer mir selbst suche, da es doch in meinem eigenen Innern verborgen, ein dunkles Geheimnis, ein wirrer rätselhafter Traum von einem Paradies der höchsten Befriedigung, das selbst der Traum nicht zu nennen, nur zu ahnen vermag.«

Roland Barthes' Sicht auf die *Kreisleriana*, die jeglicher verklärenden Deutung eine Absage erteilt, mag zum Widerspruch reizen, auch wenn nicht zu verkennen ist, dass Schumann, soviel wir von ihm wissen, sein Leben durchaus auch nach dem Vorbild von Hoffmanns Kreisler geführt hat. Davon wird noch die Rede sein. Hier stattdessen ein Sprung zu Franz Kafka. Dieser lässt in seiner Erzählung *Forschungen eines Hundes* sieben Hunde mit der ihnen eigenen »schöpferischen Musikalität« ein Konzert mit derart obszönen Gesten aufführen, dass einem achten, noch jungen Hund angst und bange wird, als er die Szene beobachtet: Da kann nur ein »Vergehen gegen das Gesetz« vorliegen.

Auch ohne eingehende Textinterpretation ist ersichtlich, dass Kafka die Musik nutzt, um einem Begehren, das gegen das Gesetz opponiert, eine Stimme zu geben. Damit aber trifft er einen neuralgischen Punkt in der Deutung klassischer Musik. Deren Sittenwächter möchten nämlich gern hören, dass es in ihr zwar gelegentlich turbulent, doch letztendlich immer edel – eben »klassisch« – zugehe. Hier prallen uralte Gegensätze aufeinander: Die griechische Mythologie unterscheidet zum Beispiel zwischen dionysischer und apollinischer Kunstpraxis und beschreibt am Beispiel Arkadiens, wie die eine der anderen allmählich hat weichen müssen. Ursprünglich, so berichtet der antike Historiker Polybios, sei der Stamm der Arkadier von größter Wildheit gewesen; erst durch Flötenspiel und Reigentänze habe er zu jener sprichwörtlichen Friedfertigkeit und Gesittung gefunden, die man seither mit diesem utopischen Ort verbindet.

Gleichsam in arkadischer Tradition ist Musik über Jahrtausende hinweg die Aufgabe zuteilgeworden, ungebändigte Körper zu zähmen und aufrührerische Affekte zu beschwichtigen; und sofern diese Aufgabe von der »Volks«-Musik nur unzureichend erfüllt wurde, reichte man sie an die »Kunst«-Musik weiter. In deren Wappenschild gehört von Anfang an Davids Harfe, die mit ihren besänftigenden Tönen den wilden Ausbrüchen Sauls wehrt.

Indessen opponierten schon die Komponisten des »Sturm und Drang« gegen eine solche Funktionalisierung der Musik: Wo sie zum Beispiel in ihren Klavierfantasien das Subjekt sprechen lassen, geben sie ihm reichlich Gelegenheit zu zügelloser Gestik – ganz im Geist Rousseaus, der für sich die Anfänge der Musik im Schrei der Leidenschaft entdeckt hatte. Aus der Musik Beethovens und Schuberts ist das körpersprachliche Moment dann gar nicht mehr wegzudenken. Das klassizistische Ideal der ausgewogenen Form mag noch so deutlich am Horizont geschrieben stehen – die Körpersprache bricht immer wieder durch. Bei Schubert zeigt sich dies vor allem in »irrationalen« Details, bei Beethoven oft sogar in ganzen Sätzen.

So kommt mir, wenn ich an das Finale von Beethovens *Siebter* denke, die Laszivität von Kafkas Konzert der Hunde in den Sinn: Richard Wagner rettete den Satz zwar noch als »Apotheose des Tanzes«. Hermann Kretzschmar, Autor des schon erwähnten, ehedem marktführenden Konzertführers, stufte ihn jedoch geradezu als jugendgefährdend ein: »Wir stehen hier ganz in der Nähe des Maßlosen und tun gut, im Interesse unserer Jugend zu bemerken und zu bekennen, daß Beethoven zuweilen geneigt war, seine Intentionen mit übermütiger Hartnäckigkeit auf die Spitze zu treiben.«

Überhaupt stellt Beethovens Sinfonik mithilfe des großen Orchesterapparats auf unerreichte Weise den Klangleib der Musik in seinen unterschiedlichen Erscheinungsformen dar. Dem Hörer wird nicht nur körperliche Bewegung *vorgeführt*, wie ihm dies aus der Programmmusik nicht fremd ist; vielmehr geht sein eigener Leib in diesem Klangleib auf. Und nicht nur große Ausbrüche signalisieren Körpersprache; oft genügen schon kleine Gesten. Da kann uns ein einziger Schluchzer tief berühren.

10.
»Wenn man alt wird, so legt man sich aufs spaßen«
Humor in der Musik

LACHENDE OPERNFIGUREN gibt es genug, doch auf ein *befreiendes* Lachen wird man kaum stoßen. Jedenfalls erinnert sich der Opernliebhaber vor allem an das verzweifelte Lachen des betrogenen Canio im *Bajazzo*, das frevlerische Gelächter Don Giovannis vor dem Grabmal des Komturs, das dämonische Lachen des Mephisto in Berlioz' und Gounods *Faust*-Opern, das schadenfrohe Lachen der Damen Alice, Nannetta, Quickly und Meg über den gefoppten Sir John Falstaff, das höhnisch-sadistische Lachen Wotans gegenüber Alberich und Mime, das homerische Lachen des ganzen Olymps in *Orpheus in der Unterwelt*.

Auch wenn Aeolus, Gott der Winde und Titelheld von Bachs weltlicher Kantate BWV 205, zu seiner Antrittsarie »Wie will ich lustig lachen, wenn alles durcheinandergeht« anhebt, wird man eher von leichtem Unbehagen als von der humoristischen Stimmung erfasst, wie sie etwa in der *Kaffeekantate* vorherrscht. Dort wird freilich nicht gelacht, nicht einmal gelächelt, sondern geschmunzelt – geschmunzelt über uns Menschen, die wir große Vorsätze und kleine Sünden nahe beieinanderliegen haben.

Wird aus dieser Erkenntnis eine spezifische Sicht auf die Verfassung der Welt, so ist es nicht mehr weit zum Humor. Shakespeare, Laurence Sterne und Jean Paul – so lautet die Ahnenreihe der Humoristen philosophischen Kalibers, die ihre Spuren in der Musik hinterlassen haben. Die beiden Briten sind die Stichwortgeber, Jean Paul ist der Kronzeuge für jenen »romantischen Humor«, der seinen Niederschlag in der Musik von Carl Philipp Emanuel Bach über

Haydn, Beethoven und Schumann bis hin zu Gustav Mahler gefunden hat.

An einem Beispiel aus dem *Don Quichotte* des Cervantes illustriert Jean Paul die spezielle Prägung romantischen Humors: Wähnend, er befände sich über einem tiefen Abgrund, verbringt Don Quichottes Gefährte Sancho Pansa die Nacht in unbequemer Lage über einem seichten Graben; darüber lachen wir spöttisch, bestenfalls gutmütig. Doch was wäre, wenn sich Sancho Pansa mit großer Geste – »Schicksal, nimm deinen Lauf« – fallen gelassen und alsbald festgestellt hätte, dass er nicht etwa als Held im Jenseits angekommen, sondern wieder dort gelandet ist, wo er schon immer war: in seinem profanen Alltag! Das also heißt für Jean Paul romantischer Humor: die Momente von Lächerlichkeit, die allen heroischen Bemühungen angesichts der Unergründlichkeit des Seins anhaften, nicht nur anzuerkennen, sondern zum Motor künstlerischen Schaffens zu machen.

Da kann sich ein Komponist, der auf sich hält, nicht länger auf ein paar lautmalerische Späße beschränken, wie es sie zu allen Zeiten gegeben hat – vom Entengeschnatter in geselligen Liedern des 16. Jahrhunderts über Saint-Saëns' *Karneval der Tiere* bis zu Strawinskys *Zirkuspolka für einen jungen Elefanten*. Denn auch in der Musik ist Humor nicht mehr und nicht weniger als das, was das aufklärerische und idealistische Pathos bricht: Weder haben wir die beste aller Welten, noch wollen wir sie uns beständig vorgaukeln. Auch das in Tönen sprechende Subjekt hat das Unvollkommene im Vollkommenen, das Irrationale im Rationalen, das Begrenzte im Unendlichen darzustellen; und dies, notabene, ohne anklagende Töne.

Es beginnt mit Carl Philipp Emanuel Bach, der Laurence Sternes *Tristram Shandy* nicht umsonst gelesen haben dürfte. Die Exzesse, Abbrüche, Irreführungen und »Betrügereyen« in den freien Klavierfantasien des wohl berühmtesten Sohns von Johann Sebastian Bach sind einerseits vitaler Ausdruck des Genies, das sich keinem Regelwerk fügt, andererseits spiegeln sie dessen Erfahrung, gegen die Welt nichts ausrichten zu können. Das befreiende Dritte ist der Humor des Komponisten, der allerdings eine gewisse Lebenserfahrung (und die Gelassenheit eines Laurence Sterne) erfordert; in diesem Sinne kommentiert Carl Philipp Emanuel Bach die unkonventionellen Züge seiner späten Arbeiten mit den Worten: »Wenn man alt wird, so legt man sich aufs spaßen!«

Schimmert beim Bach-Sohn auch beim Spaß der Ernst der Sache durch, so ist der Humor Haydns, seinerseits ein Leser von *Tristram Shandy*, mit weniger Hintersinn befrachtet. Dafür steuert er umso präziser auf die Pointe zu. So basiert der Humor im Finale der C-Dur-Klaviersonate (Hob. XVI:50) auf einem einzigen frühen Gag, der zunächst gar nicht von der Musik, sondern vom Spieler auszugehen scheint. Denn der Pianist greift im zehnten Takt anstatt der eigentlich zu erwartenden Terz *d-f* die um einen Halbton höhere Terz *dis-fis*. Sein jähes Erschrecken über den Fauxpas komponiert Haydn in Gestalt einer abrupten Pause gleich mit, ebenso den nachfolgenden Entschluss, noch einmal von vorn anzufangen.

Das alles wäre ein bloßer Jux über den Missgriff eines Pianisten und vergleichbar mit Mozarts Sextett *Ein musikalischer Spaß*, der die Disfunktionalität einer Dilettantenkapelle aufs Korn nimmt, wenn Haydn es bei diesem einmaligen Vorgang belassen oder mit neuen Missgriffen aufwarten würde. Stattdessen treibt er im Verlauf des

Satzes mit der beschriebenen Episode sein melodisch-harmonisches Spiel und zeigt damit, was ein Könner alles aus ihr machen kann: Am Ende scheint der »Missgriff« aus dem Stück gar nicht mehr wegzudenken.

Hier passen jene Worte trefflich, die Laurence Sterne seinem Onkel Toby in den Mund legt und die Jean Paul in seiner *Vorschule der Ästhetik* genüsslich weitergibt: »Große Männer schreiben ihre Abhandlungen über lange Nasen nicht umsonst.« Indem Haydn uns eine Nase dreht, ist er ganz auf der Höhe des damals ausgerufenen romantischen Humors – gleichviel, ob er auch außerhalb der Musik philosophisch gedacht hat oder nicht: Beständig, so lautet die der Musik eingeschriebene begriffslose Erkenntnis, scheitert der Mensch an den idealistischen Forderungen nach einer Kunst, die auf Einheit, Stimmigkeit, Konsequenz, Reinheit und Geschlossenheit abzielt, die das Ganze mit den Teilen, die Idee mit der Individualität versöhnt. Nein, Kunst vermag nicht das Unendliche mit dem Endlichen zu versöhnen, sondern nur zu zeigen, wie beide aufeinanderprallen – in diesem Fall der Augenblicksimpuls auf die schöne Form an sich. Ebenso wenig vermag der Künstler Lösungen anzubieten; er kann sich jedoch als guter Geist, als Genius bewähren, der den Menschen in seiner Endlichkeit akzeptiert und ihn zugleich in seinem Wunsch nach Unendlichkeit bestärkt.

Friedrich Schlegel formuliert sein 116. *Athenäum-Fragment*, das dem Wesen romantischen Humors nahezukommen sucht, kurz vor der Wende zum 19. Jahrhundert: »Es ist gleich tödlich für den Geist, ein System zu haben, und keins zu haben. Er wird sich also wohl entschließen müssen, beides zu verbinden.« Die humoristische C-Dur-Klaviersonate schrieb Haydn 1794/95. Hat der Komponist womöglich schon eher als der Philosoph die Zeichen der Zeit erkannt? Jedenfalls beweisen Zeitgenossen wie Johann Friedrich Reichardt und E.T.A. Hoffmann in gutes Ohr für derlei Musik: Ausdrücklich bezeichnen sie Haydn, Mozart und Beethoven als die großen Romantiker und Humoristen ihrer Zeit, während deren Nobilitierung zu »Klassikern« erst eine Generation später erfolgen wird.

Die frühe Klaviermusik Robert Schumanns (seinerseits ein Großer, wenn nicht der Größte in Fragen romantischen Humors) ist eine einzige Auseinandersetzung mit seinem Idol Jean Paul, von dem er mehr »Kontrapunkt« – sprich: Gespür für verschlungene Wege – gelernt haben will als von seinen Theorielehrern. Auch in seinen Klavierliedern stößt beständig Endliches an Unendliches: Indem Schumann die Schlusszeilen aus Eichendorffs Mondnacht (»Und meine Seele spannte weit ihre Flügel aus, flog durch die stillen Lande, als flöge sie nach Haus«) vertont, gelingt ihm eine geniale Versinnlichung der seelischen Spannung zwischen Wunsch und Erfüllung, die der Dichter mit den Worten »als ob« bestenfalls anzudeuten vermag. Schumanns Gesang endet, musikalisch gesprochen, auf einem Trugschluss; und erst das nachhorchende Klavier vollendet zum Grundakkord, der in der Musik dieser Zeit nun einmal nicht fehlen darf.

Sein von ihm selbst als Humoreske bezeichnetes Stück für Klavier nennt Schumann »wenig lustig und vielleicht mein melancholischstes«; der Braut Clara offenbart er, beim Komponieren »durcheinander gelacht und geweint« zu haben. Humor und Melancholie, das wird daran deutlich, erscheinen dem 19. Jahrhundert wie Nachbarn: Der Schlüssel Humor öffnet das Schloss der Melancholie, der Schlüssel Melancholie das des Humors. Beiden gemeinsam ist das Moment der Reflexion, des festen Willens, bei aller Verstrickung in die Welt doch über ihr zu stehen – lachend oder weinend.

11.
»Kennen Sie lustige Musik, ich nicht!«
Melancholie

EINES DER SCHÖNSTEN MUSIKMÄRCHEN der Antike erzählt Ovid in seinen Metamorphosen: Pan, Gott der Hirten und der Wälder, jagt die scheue Nymphe Syrinx. Auf ihrer panischen Flucht – das Wort ist in der Tat von Pan abgeleitet – vor dem sinnlich-wilden Gesellen mit Bockshörnern und behaarten Ziegenbeinen wird Syrinx von einem Fluss aufgehalten; sie beschwört ihre Schwestern, die Wellen, sie in Schilf zu verwandeln. Da hält Pan anstatt der Geliebten ein Schilfrohr in Händen, das im Windhauch ergreifende Töne von sich gibt. Pan bricht das Rohr in längere und kürzere Stücke, die er mittels Wachs zu einer Flöte zusammenfügt. Ist Syrinx in ihrer eigentlichen Gestalt auch für immer entschwunden, so hält Pan doch einen Trost in Händen: Beim Musizieren ist er mit ihr vereint.

Den unterschiedlichen Deutungen, die das Märchen von Pan und Syrinx erfahren hat, will ich eine weitere hinzufügen, die das Wort »Instrument« in den Mittelpunkt rückt. Der musikalische Ausdruck von Freude, Schmerz oder Trauer hat eine lange biologische Vorgeschichte: Pferde schreien vor Schmerz oder wiehern vor Freude, Hunde winseln vor Verlangen, Säuglinge lallen vergnügt oder schreien empört. Die ergreifenden Töne, die Syrinx in Gestalt eines Schilfrohrs abgibt, gehören in diese Reihe; und das Gleiche gälte für Pan, wenn er mit ähnlichen Tönen geantwortet hätte: Dann wäre seine Liebesklage der »reine Ausdruck« gewesen. Doch Pan ist nicht nur Natur, er greift vielmehr in die Natur ein, indem er ein Musikinstrument baut: Seine Syrinx oder Panflöte basiert, so einfach sie ist, auf einer Tonleiter und damit auf einem System fester, aufeinander bezogener Töne. Wir können von einer »Tonordnung« sprechen. Und indem Pan es wagt, in die Natur einzugreifen, tut er einen wichtigen Schritt zur Beherrschung der eigenen Natur. Was er nunmehr an Klage auf seiner Flöte hervorbringt, ist kein Ausdruck, der ohne alles Zutun aus ihm hervorquillt, dient vielmehr auch dazu, Gefühle zu ordnen, zu beherrschen und an ihnen zu arbeiten.

Damit ist ein entscheidender Schritt auf dem Weg der Menschwerdung und der Kunst getan. Zwar werden einerseits die Artikulationsmöglichkeiten drastisch eingeschränkt: Anstelle unendlich vieler, gleitend ineinander übergehender Tonhöhen, wie wir sie zum Beispiel im Gesang der Buckelwale erleben, kennt die Panflöte, sofern sie nicht zum Konzertinstrument weiterentwickelt worden ist, nur wenige Tonstufen: Papageno hat auf seinem Flötchen gerade einmal fünf.

Andererseits verfügt der Mensch mit seinem Instrument über eine Ordnung, die ihm ein Mittel an die Hand gibt, Musik prägnant zu gestalten. Nur wer sich innerhalb eines definierten Systems artikuliert, erreicht jenen Grad an Verbindlichkeit, der notwendig ist, um sich selbst als Schöpfer zu fühlen und anderen die Möglichkeit zu geben, ihn auch in Nuancen des Ausdrucks zu verstehen. Hier wird aus Lallen, Seufzen, Schreien und Rufen Musik als eine »Tonsprache«, die nicht nur – im Tenor: »Mir geht's nicht gut« – Auskunft über allgemeine Gefühls- und Seelenzustände gibt, sondern eine breite Skala von Antworten bereithält. Das ist eines der Wunder (natürlich nicht nur) klassischer Musik: Auf ihre eigenen unspezifischen Gefühle bekommen diejenigen, die Musik daraus machen, spezifische Antworten.

Gibt man einem Komponisten zu verstehen, dass seine Musik Gefühle auslöst, wird ihm das vermutlich gefallen; beschreibt man diese Musik jedoch als bloßen Gefühlsausdruck, wird man auf berechtigte Ablehnung stoßen. Franz Schubert notierte in einer persönlichen Aufzeichnung vom März 1824 unmissverständlich: »Meine Erzeugnisse sind durch den Verstand für Musik und durch meinen Schmerz vorhanden.« Da steht an erster Stelle der Wille zu künstlerischer Formung und erst an zweiter der seelische Impuls, der diesem Willen Nachdruck gibt. Was der in diesen Dingen eher verschlossene Schubert in knappen Worten zum Ausdruck brachte, hat Albrecht Dürer in seinem berühmten Kupferstich Melencolia I bildlich breit ausgeführt. Da sitzt die Melancholie, allegorisch als geflügelte Genie dargestellt, in vollkommener Versunkenheit da, jedoch umgeben von ihren »Instrumenten«: Hammer, Zange, Kugel, Polyeder, Waage, Sanduhr, magisches Quadrat usw. Und dass sie den Zirkel nicht aus der Hand gelegt hat, will besagen: Ist sie erst wieder aus ihren dunklen Träumen erwacht, wird sie Kunst machen – spekulative Kunst, potenziell auch Musik spekulativer Art.

Wird es auch *traurige* Musik sein? Jedenfalls ist ein guter Teil klassischer Musik traurig, insbesondere seit dem 19. Jahrhundert. »Kennen Sie lustige Musik, ich nicht!«, soll Schubert auf die Frage geantwortet haben, weshalb die seine so traurig sei. Falls dies bloße Anekdote ist, ist sie doch gut erfunden und zugleich musikästhetisch erhellend. Dem Ausdruck von Heiterkeit sind in der Musik nicht zuletzt deshalb Grenzen gesetzt, weil er seinen Ort überwiegend im tänzerischen Modus hat, und da geht es ohne Stereotype nicht ab. Interessant wird es, wenn wir Kulturkinder alle Formen unseres Seelenschmerzes durchspielen. Und das ist gerade im Medium der Musik so reizvoll, weil der Schmerz nicht nur aufgewühlt, sondern alsbald gelindert, wenn nicht gar geheilt wird.

Indessen ist Schwermut nicht mit Larmoyanz zu verwechseln; denn die führt bloß zu den vielen mit »Melancholie« betitelten, gefühligen Klavierpiecen des 19. Jahrhunderts, die ohne tiefere Eindrücke am Ohr vorüberziehen. Wie schon Dürers *Melencolia I* deutlich macht: Der melancholische Künstler grübelt über sein

Werk und unterwirft sich dabei strengen Gesetzen, welche die Unausweichlichkeit des Schicksals symbolisieren. Zwei Typen musikalischer Melancholie-Darstellungen spiegeln dies besondern deutlich:

Das *harmonische Labyrinth* kommt Dürers Melancholie-Auffassung am nächsten und lässt sich gut an der Motette *Passibus ambiguis* des Dürer-Zeitgenossen Matthias Greiter demonstrieren, die auf *f* beginnt und auf *fes* endet – enharmonisch gesprochen auf e. Der Mönch und Vorsänger am Straßburger Dom, der nach seinem Übertritt zum Protestantismus zehn Kinder zeugte und oft in bedrängten Verhältnissen lebte, wusste vermutlich, warum er eine Dichtung aus Ovids *Tristium Libri* vertonte: »Mit schwankenden Schritten schweift Fortuna umher. Heiter tritt sie ein, doch bald verdüstert sich ihre Miene, das einzig Beständige ist ihr Wankelmut.« Um diesen Wankelmut zu kennzeichnen, türmt Greiter unerbittlich und mit akribischer Vorzeichensetzung elf Quarttranspositionen eines sechstönigen Motivs aufeinander und gelangt so auf dem Weg *f-b-es-as-des-ges-ces* nach *fes*. Da zeigt sich so recht Frau Melancholie, wie sie sich in ihrer Grübelei immer mehr versteigt.

Die *Passacaglia*, ursprünglich ein spanischer Tanz, hat in der barocken Oper oft die Funktion, Situationen von tödlicher Ausweglosigkeit darzustellen, etwa in der Schlussszene von Henry Purcells Oper *Dido und Aeneas*. Die Vergeblichkeit allen Tuns wird musikalisch durch die ständige Wiederholung desselben Grundbasses versinnbildlicht; den Zuschauern wird auf diese Weise das Gefühl des Auf-der-Stelle-Tretens unmittelbar nahegebracht. Nicht zufällig hat Johannes Brahms den Schlusssatz seiner vierten und letzten Sinfonie als Passacaglia komponiert – auf der Basis des Basses aus der Bach-Kantate BWV 150, wo er zu den Worten »Meine Tage in dem Leide« gesetzt ist. Dass Friedrich Nietzsche aus Brahms' Musik die »Melancholie des Unvermögens« heraushört, ist weniger gehässig gemeint, als es klingt. Er behauptet damit nicht, Brahms sei ein impotenter Künstler, beschreibt vielmehr die Ausstrahlung eines Komponisten, der sich von der Last der Geschichte, insbesondere von dem »Riesen Beethoven hinter sich«, so erdrückt fühlt, dass er seine eigenen kompositorischen Blumen kaum noch unbekümmert blühen lassen kann.

Übrigens kannte Nietzsche Dürers *Melencolia* I sehr gut. Seit 1869 als junger Professor an der Universität Basel tätig, reiste er gern ins benachbarte Zürich, um sein Idol Richard Wagner aufzusuchen und – in der Weihnachtszeit – der ebenso verehrten Frau Cosima beim Vergolden der Nüsse zu helfen und ihr ein Weihnachtsgeschenk für Richard zu besorgen ... eben die *Melencolia*.

12.
»Et patres nostri narraverunt nobis...«
Geschichtstiefes Komponieren

HEINRICH SCHÜTZ galt im 17. Jahrhundert nicht nur als der berühmteste, sondern auch als der gelehrteste Komponist deutscher Sprache – ein wahrer »*musicus doctus*«, der Hebräisch und Griechisch verstand und die Bibelworte streng nach ihrem Sinn vertonte. War etwa vom »Glauben der Väter« die Rede, sollte die Musik etwas von der langen Tradition dieses Glaubens spiegeln; dementsprechend ließ es sich Schütz in der Psalmkomposition *Attendite populus meus* auch nicht nehmen, die Worte »et patres nostri narraverunt nobis« (»und unsere Väter haben uns erzählt«) in mittelalterlichem Tonfall zu vertonen.

Besonders in der Kirchenmusik hängen die Komponisten am Althergebrachten: Johann Sebastian Bach beispielsweise greift in seiner h-Moll-Messe auf den »stile antico« Palestrinas zurück; Mozart fußt im *Requiem* ersichtlich auf Händel; und Beethovens *Missa solemnis* ist in dem Versuch, geheiligte Überlieferung und subjektive Glaubensbereitschaft in Einklang zu bringen, ein einziger Drahtseilakt. Hector Berlioz wiederum behandelt das Thema »alte Kirchenmusik« mit leiser Ironie, wenn er innerhalb seines Oratoriums *L'enfance du Christ* einen von ihm weitgehend im alten Stil geschriebenen Hirtenchor bei der Erstaufführung als zweihundert Jahre alte Komposition eines imaginären Pierre Ducré ausgibt.

Seit dem 19. Jahrhundert schlägt sich der Respekt vor der Tradition nicht nur in der Kirchenmusik, sondern in fast allen musikalischen Gattungen nieder. In einem viel zitierten Brief, den Beethoven im Juli 1819 an den österreichischen Erzherzog Rudolph, seinen Kompositionsschüler, richtet, rühmt er die »Festigkeit« der »Altvordern«: Mit ihr könne die Gegenwartsmusik zwar nicht konkurrieren; doch immerhin trage sie viel zur »Verfeinerung der Sitten« bei. Die kurz darauf entstandene Klaviersonate op. 110 ist ein vollkommener Spiegel dieser Situation: Der Schmerzenston des *Arioso dolente* weist ganz direkt auf Johann Sebastian Bach: auf die *Chromatische Fantasie* und die Arie »Es ist vollbracht« aus der *Johannespassion*. Und das abschließende Finale gibt allein durch die Bezeichnung »Fuga« zu verstehen, dass es seine »Festigkeit« von den Altvordern Bach und Händel nimmt, die Beethoven zuvor in der Bibliothek des Erzherzogs studiert hat.

Diese Verbeugung vor den »Alten« schließt jedoch nicht aus, dass der erste Satz von op. 110 zugleich gänzlich aufseiten der »verfeinerten Sitten« zu verbuchen ist. Er wird von einem Motto bestimmt, dessen Ausstrahlung man kaum anders als »hold« bezeichnen kann; und dergleichen kriegt eben nur ein Beethoven zustande. Fazit: Bei der Verschmelzung von Alt und Neu bleibt Beethoven immer er selbst; jedoch sorgt die Geschichtstiefe der Komposition für ein größeres Maß an Überzeugungskraft.

Ähnliches gilt für Franz Schuberts späte Lieder. Auf seiner *Winterreise* wird der Wanderer beständig von traditionellen, alten Wegemarken daran erinnert, dass er diese Strecke nicht als Erster geht. Bei der Rast auf dem Kirchhof stößt er – via Klavierbegleitung – auf eine »Blaskapelle«, die den Leichenzug nach einem musikalischen Modell begleitet, das der italienische Renaissance-Komponist Costanzo Festa drei Jahrhunderte zuvor für eine Sterbemotette auf den Tod der französischen Königin Anna von Bretagne verwendet hat. Gleichzeitig lässt die Singstimme das *Kyrie* aus dem gregorianischen *Requiem* anklingen – so jedenfalls die Deutung des Musikforschers Thrasybulos Georgiades. In Schuberts schaurigem Lied »Der Doppelgänger«, das von einem durch Liebeskummer zerstörten Menschen handelt, beherrscht die Tonfolge *h-ais-d-cis* die Klavierbegleitung: Als dieser an den Ursprung seiner Qual zurückkehrt, trifft er auf seinen Doppelgänger, der den Ort des einstigen Geschehens nie verlassen hat. Und was hat es mit dieser Tonfolge auf sich? Sie gehört nicht nur zur b-a-c-h-Familie, sondern tritt darüber hinaus fast tonbuchstabengetreu im »Kreuzige«-Chor der Matthäuspassion auf. Vergleichsmoment ist die Vorstellung alten, an Tiefe nicht zu überbietenden Leidens.

Dabei ist es unwichtig, ob Schubert Bachs Passion oder nur das artverwandte Thema der cis-Moll-Fuge aus dem ersten Teil des Wohltemperierten Klaviers gekannt hat. Denn es reicht aus, sich unterirdische Kanäle vorzustellen, durch die prägnante kompositorische Symbole gleich Bauhüttengeheimnissen aus der Vergangenheit in die jeweilige Gegenwart gelangen. Vor diesem Hintergrund erklärt sich auch, dass Roberts Schumanns Lied »Aus der Heimat hinter den Blitzen rot« – Eingangsstück des 1840 geschriebenen Eichendorff-Zyklus op. 39 – mit einer Wendung endet, welche Erinnerungen an die phrygische Kirchentonart und damit auch die Choralstrophe »Wenn ich einmal soll scheiden« wachruft: Ganz am Ende gibt die Musik wie durch einen Spalt den Blick auf eine versunkene Landschaft frei.

Von solch einer versunkenen Landschaft handelt auch die Erzählung Germelshausen des Schriftstellers Friedrich Gerstäcker, der im 19. Jahrhundert vor allem für seine Abenteuergeschichten und Bücher über Amerika bekannt war: »Im Herbst des Jahres 184- wanderte ein junger, lebensfrischer Bursch, den Tornister auf dem Rücken, den Stab in der Hand, langsam und behaglich den breiten Fahrweg entlang, der von Marisfeld hinauf nach Wichtelhausen führt.« So beginnt die Geschichte des jungen Malers Arnold, der auf seiner Wanderung in besagtem Germelshausen übernachtet, am anderen Morgen jedoch feststellen muss, dass es den Ort nun nicht mehr gibt: Er ist verwunschen und kommt nur alle hundert Jahre einmal ans Tageslicht. Gerstäcker schildert uns Arnolds Gefühl des

Verlassenseins und seine Trauer über den Verlust der schönen Schulzentochter Gertrud recht eindringlich. Und doch ist das nichts im Vergleich mit dem Geschmack auf der Zunge, den uns zur gleichen Zeit der Komponist Robert Schumann allein dadurch verschafft, dass ihm bei den Worten »und keiner kennt mich mehr hier« im Lied »Aus der Heimat hinter den Blitzen rot« die phrygische Sekunde einfällt. Wer das volkstümliche Lied auf Friedrich Rückerts Worte »Aus der Jugendzeit klingt ein Lied mir immerdar ...« im Ohr hat, wird den musikalischen Unterschied wahrnehmen: hier ein zeittypisch sentimentaler Melodietypus, bei Schumann hingegen ein unverwechselbarer Gestus von Trauerarbeit.

Wie tief dieser Gestus in die Geschichte zurückweist, verdeutlicht ein Blick auf die kosmologischen Spekulationen des Johannes Kepler (1571-1630). Dieser entwickelte aufgrund seiner astronomischen Berechnungen die Vorstellung, dass die Erde beständig die kleine Melodie *mi-fa-mi* singe, also die phrygische Sekunde. Und er ergänzte diese Solmisationssilben, die in unserem Notensystem der Folge e-f-e entsprechen, zu der Devise »miseria et fames«, also »Elend und Hunger«. (Der Planet sprach offenbar lateinisch.) Schumann hat sich vermutlich nicht in die Schriften Keplers vertieft, jedoch – wie in der 26. Variation näher beschrieben – lebenslang über »vielsagende« Zahlen- und Buchstabenkombinationen spekuliert. Deshalb gehört er mit seinen geschichtstiefen Kompositionen zumindest untergründig in die Reihe jener »Weltweisen«, die ihr Tun als beständige Suche nach dem geheimen Sinn des ganzen großen Universums verstanden.

IM LETZTEN DRITTEL des 19. Jahrhunders, das sein Geschichtsbewusstsein zunehmend als Last empfindet, melden sich zwei Komponisten mit der Intention zu Wort, Geschichte in großem Stil – geradezu mit geschichtsphilosophischem Impetus – zu bewältigen. Der eine, Johannes Brahms, ist von dem Gedanken beseelt, seine

Gaben auf dem Altar der Tradition niederzulegen. Jede Note seiner Musik ist zwar durchtränkt von Subjektivität, doch zugleich im Blick auf die Gesamtheit der musikalischen Tradition durchreflektiert. Das Finale der Ersten steht exemplarisch für dieses geschichtstiefe Denken: Erst toben die Stürme der Gegenwart, dann reißt der Himmel auf und zeigt ein »Zeichen«; natürlich ist es ein Zeichen klanglicher Art, nämlich der Ruf eines Alphorns, wie ihn Brahms anlässlich eines Urlaubs in der Schweiz gehört hatte. Diesem Ruf der Natur folgt ein Bläserchoral als die Antwort einer dem numinosen Geschehen hingegebenen Gemeinde: »Wir haben verstanden und warten auf das Wunder!« Und dieses Wunder geschieht, indem sich das düstere c-Moll des Anfangs in ein warmes C-Dur verwandelt und ein instrumentaler Hymnus erklingt, der so merklich an den Freudenhymnus aus Beethovens Neunter Sinfonie erinnert, dass es (nach Brahms' eigener Aussage) jeder Esel merken kann und darf. Mit anderen Worten: Brahms legitimiert die Euphorie dieses Finales mit der Anrufung von Natur und Geschichte.

Der andere, Richard Wagner, konzentriert seine tönende Geschichtsphilosophie auf die Meistersinger von Nürnberg. – »Ehrt eure deutschen Meister, dann bannt ihr gute Geister«, ermahnt Hans Sachs die Festgesellschaft in seiner Schlussansprache. In diesem Sinne ist die ganze Oper eine einzige Auseinandersetzung mit der Tradition. Allein von dem Vorspiel kann man so schwärmen, wie Nietzsche es tat: »Was für Säfte und Kräfte, was für Jahreszeiten und Himmelsstriche sind hier nicht gemischt! Das mutet uns bald altertümlich, bald fremd, herb und überjung an, das ist ebenso willkürlich als pomphaft herkömmlich, das ist nicht selten schelmisch, noch öfter derb und grob – das hat Feuer und Mut und zugleich schlaffe, falbe Haut von Früchten, welche zu spät reif werden.«

Um die Struktur des Unbewussten zu erklären, lädt Sigmund Freud uns in seiner Studie Das Unbehagen in der Kultur dazu ein, sich ein Stadtbild von Rom vorzustellen, in dem alle Bauten, die im Laufe der Jahrtausende auf römischem Boden errichtet wurden, nebeneinander Platz haben. Hätte Freud für sein Bild nicht die Architektur, sondern die Musik bemüht, so hätte er dem nicht hinzufügen müssen, es handele sich natürlich nur um eine »phantastische Annahme«. Denn Musik macht es möglich, dass tatsächlich unterschiedliche »Generationen« – in ein und demselben Werk – einträchtig beieinander wohnen können.

13.
»Ich habe gekonnt«
Gewalt in der Musik

HECTOR BERLIOZ, der einen Hang zum Makabren hatte, veröffentlichte in der Pariser *Gazette musicale* des Jahrgangs 1844 die utopische Novelle *Euphonie ou la ville musicale*. Weil er vor allem um des Geldes willen schrieb, wusste er zu Beginn seiner Fortsetzungsgeschichte vielleicht selbst noch nicht, wie desaströs sie ausgehen würde: Eine nur aus Musikern bestehende Stadtrepublik wird von einer riesigen Orgel überwölbt, die am Ende – man schreibt das Jahr 2344 – auf die Bewohner herabstürzt und sie vernichtet. Da mögen Machtfantasien eines Komponisten mit im Spiel sein, der sich von seinen Landsleuten verkannt fühlt und »seiner« Musik wenigstens auf Science-Fiction-Ebene einmal zu »durchschlagender« Wirkung verhelfen will. Interessanter ist jedoch der geistesgeschichtliche Aspekt: Fünfzig Jahre früher hätte man eine Novelle dieses Tenors gar nicht schreiben können oder dürfen, weil es dem sittlichen Empfinden widersprochen hätte, Musik als gute Schöpfung Gottes mit einer zerstörerischen Macht in Verbindung zu bringen oder ihr gar zerstörerische Aufgaben zuzuweisen.

Natürlich hat Musik von alters her mit Macht kooperiert; doch das ist in den Augen derjenigen, die sie ausüben, legitime Macht. Und davon abgesehen, wollte und konnte sich in diesen alten Zeiten niemand vorstellen, dass Musik überhaupt mit negativem Vorzeichen versehen sein könne. Da hielt man es mit Luther:

»Hie kann nicht sein ein böser Mut,
wo da singen Gesellen gut,
hie bleibt kein Zorn, Zank, Hass noch Neid.
Weichen muß alles Herzeleid.«

Zwar lässt Johann Sebastian Bach in der Motette *Jesu, meine Freude* auch die *böse* Welt einmal so richtig »toben«; doch vorrangig vertont er affirmative Arientexte wie denjenigen aus der *Ratswahlkantate* »Gott ist mein König«. Dort wird mit den Worten »Durch mächtige Kraft erhältst du unsre Grenzen« nicht nur Gott, sondern zugleich Mühlhausens guter Obrigkeit gehuldigt.

Auch Armeemärsche haben stets einen positiven Ruf – ob sie nun von der einen oder von der anderen Seite kommen. In seiner »Schlachtensinfonie« mit dem Titel *Wellingtons Sieg oder Die Schlacht bei Vittoria* schickt Beethoven das englische und das französische Heer unter den Marschklängen von *Rule Britannia* hüben und *Marlborough* drüben gegeneinander, wobei zusätzliches Schlagzeug für reichlich Kanonendonner und Gewehrfeuer sorgt. Doch obwohl der Komponist es politisch mit den Engländern hält, klingt *Marlborough* nicht weniger schmissig als *Rule Britannia*. Bis heute streitet die Beethoven-Gemeinde darüber, ob der Herrscher im Reich der »absoluten Musik« mit *Wellingtons Sieg* eine bedeutende Schlacht an der sinfonischen Front gewonnen habe oder eher von zweifelhafter Geltungssucht in die Sümpfe illustrativer Musik gelockt worden sei. Indessen erscheint die Diskussion um dieses einmalige Effektstück geradezu belanglos, wenn man die Bewusstheit registriert, mit der sich Beethoven dem Thema »Musik und Macht« in anderen Werken nähert. Da findet ein Paradigmenwechsel statt, den zwar einerseits das napoleonische Zeitalter vorgibt, den Beethoven andererseits aber nahezu im Alleingang vollzieht: Es geht nun in der Musik nicht mehr nur um »Macht«, die strukturell in der Welt ist, sondern um »Gewalt«, die dem Individuum widerfährt.

Diese Gewalt hat zwei Seiten: eine objektive und eine subjektive. Das objektive Moment äußert sich bei Beethoven in Imponiergesten, wie sie sich in entsprechender Thematik, Instrumentation und Lautstärke ausdrücken. Insoweit bewegt er sich noch auf den Spuren der traditionellen musikalischen Rhetorik. Doch zugleich – und das ist das Neue – kommt das Subjekt zu Wort: als unterdrücktes, leidendes, aber auch immer wieder sich aufrichtendes und getröstetes. Beethovens Kunst besteht darin, »objektive« und »subjektive« Seite als gleichzeitiges Geschehen darzustellen.

Zwar ist Musik eine Zeitkunst, in der eins auf das andere folgt; und in diesem Sinne ist es wohl erst Wagner in der *Götterdämmerung* und im *Parsifal* gelungen, konträre Affekte wirklich simultan darzustellen. Beethoven hat jedoch nichts Geringeres fertiggebracht, wenn er beides als *einen* großen Zusammenhang darstellt. So lassen sich die beiden Hälften, aus denen sich das Thema der *Egmont*-Ouvertüre zusammensetzt, unschwer als Symbole nackter Gewalt und des durch sie ausgelösten Leidens verstehen:

Weil Beethovens *Egmont*-Ouvertüre ersichtlich an Goethes gleichnamigem Schauspiel orientiert ist, lässt sich die Semantik dieses Themas in seiner Komposition noch näher bestimmen: Die erste Hälfte steht für die spanische Gewaltherrschaft, die zweite für die Not der unterdrückten Niederländer, die Graf Egmont in den Aufstand führt. Ähnliche Beispiele finden sich allenthalben in Beethovens Werk, zwei von ihnen wurden in vorausgegangenen Variationen bereits erwähnt: Im Kopfsatz der *Eroica* ist der entscheidende Durchbruch am Ende der Durchführung als Abfolge von extremer Gewalt und tröstlichem Zuspruch gestaltet; der nachfolgende

Trauermarsch steht sogar gänzlich im Zeichen der Dialektik von Gewaltsamkeit und Trostangebot. Indem Beethoven in der *Fünften* die Schroffheit des »Schicksals«-Themas mit dem Schmerzenston der Oboe konfrontiert, macht er ein ähnliches Sinnangebot. Die entsprechende Botschaft ist zu allen Zeiten verstanden worden, wenngleich auch in Kontexten, die uns nicht immer behagen wollen. So kann die Vorstellung Bauchschmerzen verursachen, dass Wilhelm Furtwängler ein Jahr vor Ende des Zweiten Weltkriegs im zerbombten Berlin mit seinen vom Kriegsdienst freigestellten Philharmonikern bevorzugt die »heroischen« Beethoven-Sinfonien aufführte. Indessen deuteten die Zuhörer dies offensichtlich nicht als Aufforderung zum Durchhalten, fühlten sich vielmehr in ihrem eigenen Erleben ernst genommen: Unter der zerstörerischen Gewalt leidend, bewahrten sie sich doch einen Funken Hoffnung.

Freilich hat schon der späte Beethoven die eigene idealistische Deutung der Welt verworfen; so werden in der *Hammerklaviersonate* beide Momente nicht länger unter einen Hut gebracht, sondern in verstörender Disparatheit präsentiert. (Da alle Sonaten Beethovens fürs Hammerklavier gedacht sind, trägt dieses op. 106 seinen Namen zwar eher missverständlich, jedoch im Sinne einer durchaus passenden Symbolik: Kaum ein anderes Werk Beethovens zeigt ein solches Maß an nackter Gewalt, der das Subjekt eher ohnmächtig als gefasst gegenübersteht.)

Doch selbst in diesem Werk – und ebenso in der gleichfalls durch ihre Gewaltausbrüche verstörenden *Großen Fuge* – hält Beethoven diesem Subjekt zumindest dem *Anspruch* nach die Treue – was im Übrigen nur wenigen seiner Nachfolger gelingt! Insbesondere

Gustav Mahler knüpfte hier an, und dies speziell in seiner *Sechsten Sinfonie*, deren erster Satz mit Klängen der Gewalt einsetzt, die man gelegentlich als Vorahnung des Ersten Weltkriegs gedeutet hat; sie lassen sich aber auch allgemeiner als Sinnbild von gesellschaftlicher Gewalt verstehen, die einen Künstler wie Mahler immer wieder erschrecken musste. »Wie gepeitscht« – »wie wütend dreinfahren« – »alles mit roher Kraft« – »wie ein Axthieb«, so lauten charakteristische Vortragsbezeichnungen in der *Sechsten*; dabei bezieht sich der Axthieb auf zwei Hammerschläge, die gegen Ende des Finales erklingen und deutlich machen, dass der »Held« nunmehr gefällt worden ist wie ein Baum. Es ist das Ende nach einem leidenschaftlich gelebten Leben – katastrophisch und doch voller Würde. Wenngleich Mahler mit dem Thema »Gewalt« nicht dialektisch wie Beethoven, sondern narrativ, geradezu romanhaft umgeht, vermittelt er doch den unerschütterlichen Willen, der Unerbittlichkeit des Allgemeinen die individuelle Kraft des einzelnen Menschen gegenüberzustellen, oder anders gesagt: Musik als Daseinsbewältigung.

14.
»Mir ist so wunderbar«
Die Macht der Gefühle

EIN »KRAFTWERK DER GEFÜHLE« nennt der Filmemacher Alexander Kluge die Oper. Und weil er dabei vor allem die Opern des späteren 19. Jahrhunderts im Auge hat, nimmt es nicht wunder, dass sein Film Die Macht der Gefühle von 1983 eine einzige Hommage an Wagner, Verdi und Puccini ist.

In Werner Herzogs Film Fitzcarraldo treibt das Spiel mit den Gefühlen, die in der Oper freigesetzt werden, geradezu exotische Blüten: Der Titelheld, dargestellt von Klaus Kinski, ist von der fixen Idee beseelt, im südamerikanischen Urwald ein Opernhaus zu errichten und Enrico Caruso Verdi-Arien schmettern zu lassen. Daraus wird zwar nichts; doch schon während er auf einem abgewrackten Dampfer einen Zufluss zum Amazonas hinaufschippert, beschallt Fitzcarraldo die hinter der undurchdringlichen Ufervegetation versteckten Aguaruna-Indianer mittels Grammofonaufnahmen seines Sängeridols. Und als ihm während eines Landgangs der ältere Missionar klagt, man »bringe die Indianer einfach nicht von der Grundvorstellung weg, dass unser gewöhnliches Leben nur eine Illusion darstellt, hinter der sich die Realität der Träume verbirgt« – da ist Fitzcarraldo wie elektrisiert, denn er spürt das Verbindende: die Macht der Gefühle. Die Indios, die das Träumen noch nicht verlernt haben, sind in ständigem Umgang mit diesem »einzig Wahren«; der zivilisierte Mensch liefert sich dem immerhin noch in der Oper aus. Weshalb gerade in der Oper? Besser fragte man: Weshalb gerade im Medium der Musik? Denn es geht hier ja nicht um die *Worte*, die gesungen werden, sondern um die *Stimme*, die singt. Zwar darf die

Handlung nicht läppisch sein; denn wo es um große Gefühle geht, müssen die menschlichen Existenzialien auf die Bühne gebracht werden: Liebe und Tod oder oft genug auch verhängnisvolle Liebe und gewaltsamer Tod.

Die einzelnen Worte aber werden von den »großen« Stimmen selbst im übertragenen Sinne regelrecht verschluckt und im entscheidenden Moment auch vom Hörer vergessen. Und das soll so sein; denn wenn die Worte schon nicht an sich lügen, verfehlen sie jedenfalls die Wahrheit. Der Sprachphilosoph Ludwig Wittgenstein hat seinen berühmten Satz »Wovon man nicht reden kann, darüber muss man schweigen« als großer Musikkenner ausdrücklich auch als Hommage an die Musik verstanden: Diese redet da, wo man sonst schweigen müsste.

Obwohl sich Verdi um fesselnde Libretti bemühte, wären seine Bühnenwerke nicht auszuhalten, wenn nicht gesungen, sondern gesprochen würde: Dann besäßen all die Verschwörungen, Besessenheiten, Mordgelüste und Liebestollheiten kaum höhere Wahrheit. Selbst Wagners vor philosophischen Wahrheiten strotzender *Ring des Nibelungen* würde es im Sprechtheater schwer haben. Dann fast noch lieber ein *Ring* ganz ohne Worte – gemäß einem Aperçu aus Nietzsches *Fröhlicher Wissenschaft*: »Ein wenig Frechheit mehr bei Rossini, und er hätte durchweg la-la-la-la singen lassen! – und es wäre Vernunft dabeigewesen! Es soll den Personen der Oper ja nicht aufs *Wort* geglaubt werden, sondern auf den *Ton*!« Als Kronzeuge für diese Einstellung könnte auch Anton Bruckner dienen, der von seinem Stehplatz in der Wiener Hofoper aus Wagners Musikdramen mit größter Leidenschaft verfolgte, ohne dabei groß weiter auf die Handlung zu achten; die ließ er sich von seinen Schülern erklären.

Doch ob man viel oder wenig von der »Geschichte«, der »Story«, dem »Plot« mitbekommt – das A und O ist der Gesang. Er bringt die Handlung ans Gefühl, wie Wagner es nennt. Und so entschieden dieser von seinen Sängern Verständlichkeit forderte, so felsenfest war er davon überzeugt, dass letztlich alles von der Stimme abhing – nicht von ihrer Schönheit, aber von ihrer Leidenschaft. Über die berühmte Sopranistin Wilhelmine Schröder-Devrient schrieb er einmal provokant: »Nein! Sie hatte gar keine ›Stimme‹; aber sie wußte so schön mit ihrem Atem umzugehen und eine wahrhaftige weibliche Seele durch ihn so wundervoll tönend ausströmen zu lassen, daß man dabei weder an Singen noch an Stimme dachte.«

... und schon gar nicht an Sprache, könnte man hinzufügen und damit an die Anfänge emphatischen Singens erinnern, die vor allem im wortlosen Jauchzen oder Wehklagen zu suchen sind. »Und wenn du den Jubel nicht zu sagen vermagst und auch nicht schweigen darfst, was bleibt dann übrig, als dass du jauchzest, dass sich das Herz ohne Worte freut«, schreibt der Kirchenvater Augustinus in einem Psalmenkommentar. Ganz ähnlich äußert sich ein Jahrtausend später auch Martin Luther, wenn er von der Kirchenmusik seines Zeitgenossen Josquin des Prez sagt, dass Gott auch durch sie das Evangelium predige – das heißt: auch ohne Worte, die in den polyphonen Sätzen des 16. Jahrhunderts ja weitgehend untergingen.

Was der Reformator nur in theologischen Kategorien zu beschreiben wagte, nämlich seine Erschütterung durch die Musik an sich, wird im Zeitalter des Barock zu einem säkularen Phänomen. »Wenn die Musik der Liebe Nahrung ist, spiel weiter, spiel weiter!«, seufzt in Shakespeares *Was ihr wollt* ein in Liebesdingen antriebsarmer Herzog Orsino, um sich wenigstens auf diesem Weg Wollust zu verschaffen. Zwei Generationen später finden sich in dem intimen Tagebuch des englischen Politikers Samuel Pepys, eines ansonsten alltagskritischen und in Geschäftsdingen nicht eben zimperlichen Zeitgenossen, unter dem Eintrag vom 27. Februar 1668 vergleichbar enthusiastische Äußerungen: Die jüngst im Theater gehörte Musik sei so süß gewesen, »dass ich ganz verzückt und meine Seele so benommen war, wie es mir früher erging, als ich in meine Frau verliebt war«.

Wir wissen nicht, von welchen Klängen Samuel Pepys so hingerissen war. Doch die Musik, die seine Enkel geliebt haben mögen, ist uns bekannt – zum Beispiel Händels Oper *Xerxes*, die am 15. April 1738 im King's Theatre am Londoner Haymarket uraufgeführt wurde. Da erklingt gleich zu Anfang das bis heute berühmte *Largo*. Auch hier sind nicht die Worte »Ombra mai fu ...« entscheidend, obwohl sie dem unter einer schattigen Platane ruhenden Titelhelden immerhin dazu dienen, das goldene Zeitalter Arkadiens zu beschwören. Nein, es geht um die Gefühlssphäre »Arkadien« schlechthin; und deshalb findet es im Publikum auch niemand anstößig, dass die Rolle des Perserkönigs von einem Sopran verkörpert wird, genauer: von dem gefeierten italienischen Kastraten Caffarelli. Gerade die sexuell schillernde Identität des Sängers rührt offensichtlich an verborgene Gefühle, die im Gesang mächtigen Auftrieb bekommen.

Das Kastratenwesen wird sich noch bis in die Zeiten von Mozarts *Idomeneo* halten und erst im Zuge der Französischen Revolution ins Abseits gestellt werden: Undenkbar, dass noch in Beethovens *Fidelio* Kastraten auf der Bühne stünden! Zwar lebt auch die Rolle der Leonore, die ja in männlicher Verkleidung auf der Bühne steht, von einer spezifischen Geschlechterspannung; doch das wird nur »ethisch«, jedoch nicht «sinnlich« bedeutsam. Gleichwohl gibt es auch im *Fidelio* Stellen, die einem den rationalen Boden unter den Füßen wegziehen und nur als reines Gefühl wahrgenommen werden – etwa das Quartett »Mir ist so wunderbar«: Dort singen die Akteure aus derart unterschiedlichen Gefühlslagen und außerdem so durcheinander, dass dem Hörer gar nichts anderes bleibt, als sich der Musik der vier Stimmen »an sich« hinzugeben.

Aber was singen die vier überhaupt, nachdem Marzelline mit der Devise »Mir ist so wunderbar« vorgeprescht ist? »Er liebt mich, es ist klar«, wähnt Marzelline; »Wie groß ist die Gefahr«, sorgt sich Leonore alias Fidelio; »Sie liebt ihn, es ist klar«, schmunzelt Marzellines Vater Rocco; »Mir sträubt sich schon das Haar, der Vater willigt ein«, beschwert sich der abgewiesene Verehrer Jaquino. Dieses Durcheinander-Singen im Ensemble hatte es zuvor vor allem in der komischen Oper gegeben – als Sinnbild einer überschaubaren Gesellschaft, aus der trotz aller Standesunterschiede und Marotten letztlich keiner herausfällt. Im 19. Jahrhundert wird es zum Zufluchtsort einer Irrationalität, für die im Zeichen des technologischen und industriellen Fortschritts sonst immer weniger Platz ist.

Auch der Kult um die »reine« Stimme, der im 19. Jahrhundert immer mehr zunimmt, trägt solche irrationalen Züge. Indem die Gesellschaft insgeheim unter der allgemein herrschenden Scheinrationalität leidet, nähert sie sich immer mehr dem Glauben der Amazonas-Indianer, dass unser gewöhnliches Leben eine Illusion darstelle, hinter der sich die Realität der Träume verberge. Zwar ist die Oper Wagners und Verdis insofern ganz 19. Jahrhundert, als sie sich die zu dieser Zeit herrschenden Überbietungsstrategien zu eigen macht und es an moderner Kompositions-»Technik« nicht fehlen lässt. Doch zugleich setzt sie dem modernen Mythos von der Zweckmäßigkeit menschlichen Handelns den alten Mythos von höheren Mächten entgegen, die dem Menschen sein Schicksal aufzwingen.

So hoffnungslos es erscheint, sich mit dem Verstand gegen dieses Schicksal wehren zu wollen, so menschlich ist es, seine Stimme zu erheben, sei es, um sich mit diesem Schicksal zu vereinen, sei es, um ihm wenigstens im Gesang entgegenzutreten. Dabei gelingt es den großen Stimmen der Opernbühne, in ihrem Gesang trotz aller Schulung ein Moment ungezähmter Natur aufscheinen zu lassen. Zugleich schwindet die Verpflichtung des Komponisten, die zu erwartenden Affekte passgenau in Musik zu übertragen. Stattdessen sind die Hörer eingeladen, sich diese Musik jenseits der Worte zu eigen zu machen und in den Gesang jeweils die eigene »Geschichte« einzutragen, sich also gewissermaßen ihren eigenen »Film« zu machen. Die Geschichten, die derweilen auf der Bühne ablaufen, müssen sie weder im Einzelnen verstehen noch nach Gut oder Böse, Recht oder Unrecht beurteilen. Solches ließe die Musik auch gar nicht zu: Sie hält mit uns Menschen, wie wir sind; und wir danken es ihr, indem wir mit ihr halten. Musik kann uns nicht abstoßen; darin ist sie ein Teil unseres allzeit lebensbejahenden Unbewussten. Kein Wunder, dass Wagner Figuren wie Mime, Alberich oder Beckmesser in der Musik seine Sympathie nicht versagt, obwohl sie in der Handlung nicht gut wegkommen. Verdi hält es mit Gestalten wie dem abstoßenden Hofnarren Rigoletto oder dem vor Eifersucht rasenden Otello nicht anders.

Die Macht der Musik besteht gerade darin, dass sie bei aller Zeitgebundenheit mit vorzeitlicher Stimme spricht und uns Erschütterung abfordert, ohne Verstehensangebote zu machen. Das entlastet, lässt uns die Leidenschaften der Oper intellektuell fremd, aber emotional vertraut scheinen.

15.
»Alles nach Maß, Zahl und Gewicht«?
Lust und Last der Ordnungssysteme

DASS MUSIKSPEZIALISTEN sich lieber mit musikalischen Ordnungsystemen als mit der Macht der Gefühle beschäftigen, wird ihnen niemand verübeln, der jemals in eine Partitur geschaut hat. Denn dort herrscht Ordnung: Jeder Ton hat seinen festen Platz, jeder Akkord ist genau bezeichnet, jeder Kontrapunkt objektiv nachvollziehbar. Dementsprechend ist Musik durch eine Doppelgesichtigkeit geprägt, die der romantische Dichter E. T. A. Hoffmann am Beispiel von Beethovens Fünfter beschreibt: Zwar bediene der Komponist auf grandiose Weise »die Hebel der Furcht, des Schauers, des Entsetzens«, heißt es in seinem großen Essay über Beethovens Instrumentalmusik. Jedoch geschehe das mit jener kompositorischen »Besonnenheit«, die dem Werk erst seine »Struktur« gebe; oder anders gesagt: Hinter der vermeintlichen Hexerei steckt eine ganze Menge Planung.

Welches Glück bedeutet es für einen Komponisten, dass er sich eines verbindlichen Systems bedienen kann, um aus den vielen Impulsen, die ihn im Vorfeld einer neuen Schöpfung bedrängen, das eine Werk zu schaffen! Und für manche ist dies nicht nur ein Glück, sondern geradezu eine Frage des Überlebens gewesen. Anton Bruckner beispielsweise hätte schwerlich mit seinen Vernichtungsängsten leben können, wenn er nicht immer wieder Sicherheit im »System« seiner Sinfonien gefunden hätte. Und wie unbefriedigt wäre Richard Wagner geblieben, wenn er seinen Musikdramen nicht jene Prägnanz hätte verleihen können, die nur innerhalb eines musikalischen Ordnungssystems zu erreichen ist.

Der Dichter Thomas Mann wusste nur zu gut, worum er die Schöpfungen seiner Musikerkollegen beneidete: um die Mischung von Unbestimmtheit und Genauigkeit, von Irrationalität und Rationalität. In diesem Sinne rühmte er einmal Schumanns Klavierlied *Zwielicht*, dort schaffe es die Musik mühelos, jene diffusen Eindrücke zu vermitteln, die mit der Wahrnehmung von Zwielicht verbunden sind, obwohl der Komponist jeden Ton präzis festgelegt und sogar satztechnisch viel »gearbeitet«, also keineswegs *al fresco* gemalt habe. Dass ein Komponist sich mit dem jeweils vorherrschenden musikalischen Ordnungssystem seiner Zeit auseinandersetzt, ist eine Selbstverständlichkeit; *wie* dies geschieht, hängt jedoch vom Künstler ab. Mozart etwa steht mit »seinem« System auf gutem Fuß, betrachtet es vor allem als Mittel zum Zweck. Doch Vorsicht: In Werken wie den *Haydn-Quartetten* setzt auch er das harmonische System solchen Belastungen aus, dass einige Zeitgenossen geradewegs von Missbrauch und übertriebenen Künsteleien sprechen.

Bach und Beethoven gehen von vornherein auf Konfrontationskurs: Das System ist ihnen weniger einvernehmliche Basis als ständige Herausforderung. Kein Zufall, dass Bach in der *Kunst der Fuge* – jenem Spätwerk, in dem er sich das System »Kontrapunkt« vollkommen zu unterwerfen sucht – gegen Ende den eigenen Namen in Gestalt der Tonfolge *b-a-c-h* unterbringt: Das ist der symbolische Ausdruck dafür, dass das allgemeine Gesetz durch sein eigenes überboten werden soll. Demgegenüber geht Beethoven geradezu den umgekehrten Weg: Auf jedes sicht- und hörbare Auftrumpfen verzichtend, komponiert er seine späten Quartette in dem Wissen, dass sich letzte Erfahrungen nur in einer Musik aussprechen lassen, die den Auseinandersetzungen um das »richtige« System entwachsen ist. Schon bald nach Beethovens Tod begannen, was seine Musik angeht, Kämpfe um die Deutungshoheit – durchaus auch Systemkämpfe. Während die Verfechter der »absoluten

Musik« auf dem alten Formenkanon beharrten, rief der »Zukunftsmusiker« Franz Liszt die (Schillers *Glocke* entnommene) Devise aus: »Der Meister kann die Form zerbrechen mit weiser Hand zur rechten Zeit!« Indessen zeigte sich bald, dass die von den Systemtheoretikern aufgebauten Fronten der Realität nicht immer standhielten.

Exemplarisch belegt dies das Werk Anton Bruckners. Was die Bewahrung der traditionellen sinfonischen Form angeht, steht er im Lager der Traditionalisten und Verfechter der »absoluten Musik«. Vom »Tonfall« oder »Jargon« her gesehen, ist seine Musik jedoch derjenigen Liszts in manchem artverwandt: Immer wieder steuert sie auf gleichsam »erzählerische« Pointen zu. Man vergleiche etwa die Schlussapotheosen von Liszts Sinfonischer Dichtung *Hunnenschlacht* und Bruckners *Achter*: Ob es um den Sieg des Christentums über die Barbarei geht wie bei Liszt oder um eine glanzvolle Begegnung des österreichischen Kaisers mit dem Zaren wie bei Bruckner – ein illustratives Moment ist jeweils unverkennbar. Zwar beharrt der Kenner mit Recht auf dem Unterschied, dass Liszt primär an den Inhalt dachte, der eine Form benötigt, Bruckner hingegen primär an der Form interessiert war, in die er zwecks besserer Akzeptanz nolens volens einen Inhalt packte. Doch in der unbefangenen Rezeption verwischen sich solche Gegensätze.

Einer kann im 19. Jahrhundert tatsächlich für sich in Anspruch nehmen, die traditionelle musikalische Form zerbrochen zu haben: Richard Wagner. Das bedeutet zwar nicht, dass er – wie später

Arnold Schönberg in seiner frei atonalen Phase – ohne alle überkommenen Ordnungssysteme ausgekommen wäre; wohl aber, dass er mit einem Handstreich alle Formgesetze höherer Ordnung für nichtig erklärt und sich nur noch elementarer Formen bedient. Solche ergeben sich mehr oder weniger zwanglos aus der Addition aneinandergereihter Augenblicke, für deren Zusammenhang vor allem die Handlung sorgt.

Obwohl dieses positivistische Verfahren den Komponisten nicht daran hindert, gelegentlich ein geradezu sinfonisches Gewebe zu präsentieren, hat es selbst Wagner-Verehrer gelegentlich in helle Aufregung versetzt: Darf man »Musik« im höheren Sinne nennen, was sich so hemmungslos an die Handlung heranschmeißt, und was konturlos erscheinen könnte, wenn es nicht vom Korsett dieser Handlung gehalten würde? Um Wagner vor solchen Zweifeln in Schutz zu nehmen, hat der Dirigent und Theoretiker Alfred Lorenz im ersten Drittel des 20. Jahrhunderts ein vielbändiges Werk vor allem in der Absicht verfasst, Wagners Partituren im Nachhinein ein innermusikalisches Korsett zu verpassen und auf diesem Wege das »Geheimnis der Form bei Richard Wagner« zu enthüllen. Teils kompetent analysierend, teils die gewünschten Formgesetze nur herbeiredend, demonstriert der Autor auf exemplarische Weise, vor welche Schwierigkeiten uns die Gratwanderung zwischen vertrauensvoller Hingabe an die Musik und dem Wunsch nach ihrer Beherrschbarkeit mittels strikter Regeln stellt.

Und wem haben wir diese Sehnsucht nach der »Berechenbarkeit« der Musik zu verdanken? Dem alten Pythagoras! Man feiert den griechischen Philosophen und Mathematiker unter anderem für die Entdeckung, dass unser Tonsystem auf einfachen Zahlenverhältnissen beruht: Grundton und Oktave schwingen im Verhältnis 1:2, Grundton und Quinte im Verhältnis 2:3, Grundton und Quarte im Verhältnis 3:4 und so weiter.

Und so weiter? Für Pythagoras ist in letzter Konsequenz mit 4 Schluss – weil nämlich 1 + 2 + 3 + 4 die Zahl 10 ergibt, für ihn eine kosmologische Zahl, die alle anderen in sich birgt und als jene »Tetrakys« dargestellt wird, die zum Beispiel auf Raffaels Gemälde *Die Schule von Athen* zu sehen ist.

Zwar schert sich schon zu des Pythagoras Zeiten die Volksmusik unterschiedlichster Couleur recht wenig um diese »reinen« Inter-

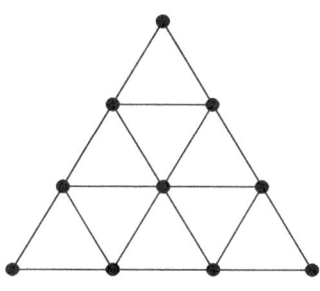

valle, operiert vielmehr auch mit Halbtönen, Vierteltönen und all dem, was man heute im Jazz »blue notes« nennt. Auch gewinnt sie in einfachen Formen der Mehrstimmigkeit dem Intervall der Terz viel Lust ab, obwohl dieses nach pythagoreischem Verständnis in der Hierarchie der idealen Zusammenklänge weit unten rangiert. Die mittelalterliche Musiktheologie aber greift die Vorstellungen des Pythagoras via Neuplatonismus begeistert auf und verbindet sie mit der Weisheit der Bibel, dass Gott alle Dinge nach Maß, Zahl und Gewicht geordnet habe. Entsprechend schlicht fällt die »kunstvolle« Mehrstimmigkeit aus, wie sie um 800 n. Chr. von gelehrten Mönchen in französischen Klöstern ausgeheckt wird. Die Zusammenklänge im frühen *Organum*, wie diese Form der Komposition heißt, beschränken sich nämlich auf Oktave, Quinte und Quarte. Zum Glück, so darf man sagen, bemächtigen sich, wie schon erwähnt, im weiteren Verlauf der Musikgeschichte auch Praktiker der Kompositionskunst, um der Zahlentheorie ihr eigenes kreatives Vermögen entgegenzusetzen.

Gleichwohl gibt es bis heute eine letztlich auf die Zahlenspekulationen des Pythagoras zurückgehende Tendenz, musikalische Ordnungssysteme zu mystifizieren, sie also für die Sache selbst zu nehmen und zum reinen Sein der Musik zu erheben. Während dies kleinere Geister und postume Deuter von Musik gelegentlich ins Sektierertum geführt hat, bedeutete es Komponisten wie Bach, Schönberg oder Webern einen wichtigen Halt, der ihrer Kreativität keineswegs abträglich war.

16.
»Sturmwind am Fenster«
Die Kraft der Bilder

»MEHR AUSDRUCK der Empfindung als Malerei.« Mit dieser Erläuterung zu seiner *Sechsten Sinfonie* ist Beethoven schon in einer der vorangegangenen Variationen zu Wort gekommen. Es ist sein besonnener Beitrag zu einer – eher absurden – Diskussion darüber, ob Musik etwas Bestimmtes zu sagen habe, ob sie gar »malen« dürfe. Einerseits will Beethoven eine Pastorale bieten, in der die seelischen Erquickungen, welche die Natur dem Ankömmling auf dem Lande bereithält, durchaus plastisch geschildert werden; andererseits fürchtet er sich vor der Musikästhetik seiner Zeit, die musikalische Malerei gern als Primitivismus abtut. Und in der Tat, zu Zeiten Beethovens gibt es in dieser Hinsicht allerlei Marktschreierisches. So lockt der auch als Musiktheoretiker bekannte Komponist Georg Joseph »Abbé« Vogler, den eine seiner zahlreichen Reisen bis nach Nordafrika führte, sein gelegentlich nach Tausenden zählendes Publikum unter anderem mit folgendem Programm in seine Orgelkonzerte:

* Choral *Wie schön leuchtet der Morgenstern*
* Gesang der Hottentotten, der aus drei Takten und zwei Worten besteht: Magema, Magema, huh, huh, huh
* Flötenkonzert
* Die Belagerung von Jericho, bestehend aus den Teilen: Israels Gebet zu Jehova, Trompetenschall, Umstürzen der Mauern, Einzug der Sieger

* Terrassenlied der Afrikaner, wenn sie ihre platten Dächer mit Kalk befestigen, wobei wechselweise ein Chor singt, der andere stampft
* Die Spazierfahrt auf dem Rhein, vom Donnerwetter unterbrochen
* Händels Halleluja, fugiert zu zwei Themen, kontrapunktiert von einem dritten Thema

Klingt ein solches Programm für unsere Ohren auch reichlich skurril, so hat es doch eine Geschichte, die in den frühen Volkskulturen beginnt. Dort ist Musik häufig Teil eines größeren Zusammenhangs, zu dem auch Sprache, Tanz, Pantomime, Ritual etc. gehören. In diesen Kulturen sind also auch die illustrativen Seiten der Musik gefragt und programmatische Titel wie »Frühlingslied« oder »Bärentanz« eine Selbstverständlichkeit. Dieser Freude am Assoziieren steht das Bilderverbot gegenüber, das seit ihrem Bestehen über der Kirchenmusik schwebte und sich vor allem in den Reinheitsidealen von Gregorianik und Palestrina-Stil niederschlug. Über die dahinterstehenden theologischen Ideale und geistlichen Forderungen hat man sich in der Praxis freilich immer wieder hinweggesetzt. So nahmen es sich die Komponisten schon früh heraus, charakteristische Textworte durch »regelwidrige« Wendungen zu schmücken und die Musik dadurch interessanter zu machen. Es begann damit, dass man im polyphonen Satz der spätmittelalterlichen Messe Texthöhepunkte wie »Et incarnatus est« in feierlicher Homophonie vertonte, also einer Stimme den absoluten Vorrang gab und ihr alle anderen unterordnete. Aus diesen Anfängen entstand in den Zeiten des Humanismus eine musikalische Rhetorik, die ihre Höhepunkte in der protestantischen Kirchenmusik von Heinrich Schütz und Johann Sebastian Bach hatte.

So »malt« Bach in seiner Kantate »Ich will den Kreuzstab gerne tragen« nicht nur den Kreuzstab selbst, sondern auch die Seufzer, die dem Träger des Kreuzes angesichts der schweren Last trotz aller Zuversicht entfahren. Und die Komposition wäre nicht von Bach, würde zum Moment der Bildlichkeit nicht auch das der Sinnbildlichkeit treten: Zu dem Wort »Kreuz« hat der Sänger einen Ton zu singen, dem auch wirklich ein Kreuz vorgezeichnet ist, obwohl die Arie in einer b-Tonart steht. Vergleichbare Symbolik ist in der klassischen Musik bis hin zu Beethoven zu finden. So erklingt in dessen *Missa solemnis* zu den Worten »Et incarnatus est de spiritu sancto ex Maria virgine« ein merkwürdiger, vogelstimmenähnlicher Flötentriller, der offensichtlich illustrieren soll, dass sich der Heilige Geist der Jungfrau Maria in Gestalt einer Taube nähert und dass die Unbefleckte Empfängnis, welche der Überlieferung nach durch das Ohr stattgefunden hat, wie ein musikalisches Betrillern aufzufassen ist.

Doch auch als Instrumentalkomponist setzt Beethoven auf Bildlichkeit – nicht nur in programmatischen Werken nach Art der *Egmont*-Ouvertüre oder der *Pastorale*, sondern beispielsweise auch in der *Fünften*. So hat der harsch pochende Rhythmus des berühmten Klopfmotivs eine lange musikalisch-rhetorische Tradition in der Darstellung des Schreckens. An diese knüpft auch Schubert an, wenn er in seinem Lied »Der Tod und das Mädchen« zu den Worten »Vorüber, ach, vorüber geh', wilder Knochenmann«, das Klavier ebenjenes Schreckensmotiv intonieren lässt.

Ganz gleich, ob solche Bilder oder Sinnbilder deutlich oder vage, lautmalerisch oder verschlüsselt auftauchen, sie bilden das Salz in der Suppe. Die sogenannte absolute Musik bestünde tatsächlich nur aus jenen »Tonarabesken«, als die sie Eduard Hanslick im Affront gegen die Programmmusik verstanden wissen wollte, würde sie nicht beständig bildhafte Impulse aussenden, die von weiter herkommen und tiefer in uns eindringen, als die reine Formanalyse dies auszuloten vermag. Seit Beethoven und Schubert gibt es keine einzige bedeutende Sinfonie, die »konventionell« in dem Sinne anzufangen wagte, dass nur ein allgemeiner Charakter von

Freude, Pathos, Trauer usw. vorgestellt würde. Vielmehr ist dieser Ausdruck stets spezifisch; und er kann als solcher nur deshalb wahrgenommen werden, weil er mit inneren Bildern kompatibel ist, die unwillkürlich im Hörer aufsteigen.

Der Ruf des Horns, den Schubert seiner großen C-Dur-Sinfonie voranschickt, ist nicht nur ein musikologisch definiertes »Motiv«, mit dem sich der Komponist im weiteren Verlauf des Satzes auseinandersetzt wie der Schachspieler mit einer bestimmten Eröffnung. Er signalisiert vielmehr zugleich die romantischen Vorstellungen von Natur, Weite, Unendlichkeit, Unerreichbarkeit – und dies bei jedem Hörer in der ihm eigenen Konkretion. Indem das Horn auf vergleichbare und zugleich spezifische Weise als Jagdhorn in Bruckners vierter, als Alphorn in Brahms' erster, als Posthorn in Mahlers dritter Sinfonie und in ironischer Brechung bei Richard Strauss als Motiv des gesellschaftlich nicht zu integrierenden Till Eulenspiegel auftaucht, bildet sich zudem eine breite Tradition der Wahrnehmung heraus, die der in romantischen Bahnen komponierten Sinfonik eine Tiefendimension gibt, die über die Aussendung »reiner« Tongebilde weit hinausgeht. Sollte einmal eine Zeit kommen, die mit dem emphatischen Naturbegriff der Romantik nichts mehr anzufangen wüsste, so dürfte sich vermutlich herausstellen, dass die Hörer auch dem »absoluten« Wesen dieser Musik nichts abgewinnen können.

Erstes Fazit dieser Variation: Musik ist weder nur Sprache der Gefühle, noch geht sie in den Ordnungssystemen auf, die ihr jeweils zugrunde liegen. Zwischen beiden Polen gibt es eine Mitte, die sich metaphorisch mit den Begriffen »Bild«, »Abbild« und »Sinnbild« fassen lässt. Die Eindrücke, die Musik hinterlässt, werden oftmals erst dadurch zu einem prägnanten Erlebnis, dass man sie mit bereits vertrauten Vorstellungen in Verbindung bringt. Hört man das Klopfmotiv aus Beethovens *Fünfter*, so assoziiert man einerseits einen Gestus wie »Sturmwind am Fenster« oder »Pochen an der Tür«, andererseits einen musikhistorisch einschlägigen Topos für »Erschrecken«. Entsprechende Assoziationen müssen nicht bewusst erfolgen, im Gegenteil: Allzu deutliche Fingerzeige werden als kindisch und der musikalischen Kunst unwürdig empfunden. Am stärksten ist Musik dort, wo sie Bilder aus der Tiefe aufsteigen lässt. Übertrieben drastische Tonmalereien gehören demgegenüber eher in die schon betrachteten Kategorien von Spaß und Humor.

Wer freilich zu dringlich vor dem Niveauverlust warnt, der beim Umgang mit Programmmusik drohe, schüttet das Kind mit dem Bade aus. Denn weder lassen sich, wie gesagt, die programmatischen Züge in »absoluter Musik« überhören, noch lebt etwa die Gattung der Sinfonischen Dichtung allein aus ihrem Programm: Es wäre schlecht um Liszts Mazeppa oder Strauss' Don Quixote bestellt, wenn sich diese Tondichtungen nicht auch ohne Kenntnis des jeweiligen Programms hören ließen. Doch gerade im Fall des Don Quixote genießt der Kenner zusätzlich das virtuose Vermögen des Komponisten, den sentimentalen Selbstbespiegelungen seines Titelhelden ironische Lichter aufzusetzen. Nicht viel anders als bei einem impressionistischen Gemälde hängt es somit vor allem vom Betrachter ab, inwieweit er nur in Tönen und Farben schwelgen oder sich auch mit dem Inhalt beschäftigen will.

Wieder anders stellt sich das alles aus der Sicht des Komponisten dar. Wie schafft er es, aus der unendlichen Fülle der Möglichkeiten, die das Reich der Töne bereithält, ein Werk zu formen? Auf der einen Seite lebt er von immanent musikalischen Einfällen, die ihm nicht aus dem Sinn gehen und schließlich das abstrakte Ausgangsmaterial für einen Satz bilden. In diesem Fall sind das Bild, das er mit diesem Material assoziiert, und seine Benennungen sekundär.

Es gibt jedoch auch die umgekehrte Reihenfolge: Primär sind dann ein bestimmter Geschmack auf der Zunge, ein Bild oder gar ein ausführliches »Programm«; sekundär ist folglich die musikalische Formung. An Beethoven fasziniert, dass er beständig beides – genuin musikalische Gedanken *und* »außermusikalische« Programme – mit sich herumtrug und alle Kraft darauf verwandte, aus dieser kritischen Masse Werke zu formen, die nichts als Musik und doch mehr als das sein sollten.

17.
»Vielen Dank für die Wolken.
Vielen Dank für das Wohltemperierte Klavier«
Universelles Denken à la Bach

ALS ROBERT SCHUMANN den Freund Felix Mendelssohn Bartholdy mit der Vorstellung verblüfft, Bewohnern anderer Welten müssten die Menschen auf der Erde »wie Milben auf einem Käse« vorkommen, antwortet dieser: »Ja, aber das Wohltemperierte Klavier würde jenen doch wohl einigen Respekt einflößen.«

Dass Mendelssohn beim Nachdenken über imponierende kulturelle Leistungen der Menschheit gleich bei Bachs Wohltemperiertem Klavier landet, überrascht nicht. Komponisten unterschiedlichster Couleur haben in diesem Werk Bibel und Katechismus der Musik in einem gesehen: Die Linie geht von Bachs Schülern über Beethoven, Schumann, Fanny Hensel und Chopin bis zu Reger, Busoni, Schostakowitsch, Hindemith, Boulez und Adorno, der den Tag gern mit dem Spiel des Wohltemperierten Klaviers begonnen haben soll.

Auch an bewundernden Äußerungen der Dichter fehlt es nicht: »Vielen Dank für die Wolken. Vielen Dank für das Wohltemperierte Klavier« lauten zwei Zeilen in Hans Magnus Enzensbergers Dankgedicht Empfänger unbekannt. Für Ingeborg Bachmann gerät durch Bach die Welt gar »zurück in die Fugen«. Und erst einmal Goethe: Als Kurgast in Bad Berka lässt er sich vom Organisten »bei vollkommener Gemütsruhe« aus dem Wohltemperierten Klavier vorspielen und zu den Worten inspirieren: »Als wenn die ewige Harmonie sich mit sich selbst unterhielte, wie sich's etwa in Gottes Busen, kurz vor der Weltschöpfung, möchte zugetragen haben, so bewegte sich's auch in meinem Innern, und es war mir, als wenn ich weder Ohren, am wenigsten Augen, und weiter keine übrigen Sinne besäße noch brauchte.«

Ganz ähnlich äußert sich zwei Generationen später Richard Wagner, als er sich an den traditionellen Hausmusikabenden in der Villa Wahnfried aus dem *Wohltemperierten Klavier* vortragen lässt oder einzelne Stücke selbst spielt. Er erkennt darin »die unverständige und unverstehbare Natur«, »die unendliche Melodie«: »Das ist wie die Wurzel des Wortes. Wie die Sanskrit-Sprache zu andren Sprachen verhält es sich zu andrer Musik.« Und weiter: »Was das für eine Welt ist! Planeten, die umeinander kreisen, kein Gefühl, und doch alles Leidenschaft, Willen, gar kein Intellekt; die Beethovensche Kunst dagegen ist das tanzende Paar.«

Was bringt so unterschiedliche Persönlichkeiten wie Goethe und Wagner dazu, in den zweimal 24 Präludien und Fugen durch alle Dur- und Molltonarten, die in den zwei Bänden dieses Zyklus zusammengefasst sind, die Musik schlechthin zu sehen? Das Werk ist ja alles andere als elementar im technischen Sinne, vielmehr voller kontrapunktischer und harmonischer Künste, weshalb Bach selbst es seinen engeren Schülern immer nur stückweise verkauft haben dürfte, auf dass sie Schritt um Schritt daraus lernten. Aber gerade das ist wohl das Geheimnis: eine Komplexität, die sich zwar irgendwie mitteilt, jedoch nicht so schnell »lesen« oder entschlüsseln lässt, als dass sie nicht alsbald ins Erhabene umschlüge. Während wir uns mit der Musik Beethovens, um den Vergleich Wagners aufzugreifen, zum »tanzenden Paar« vereinen können, stehen wir dem *Wohltemperierten Klavier* zunächst einmal nur mit Respekt gegenüber. Mit dem Universum, mit der erhabenen Natur, mit den Zeugen der Vorzeit tanzt man nicht. Goethe fühlt sich dem Phänomen so ausgeliefert, dass er für die Beschreibung von Bachs Musik Bilder bemüht, die an die Erfahrungen eines Embryos anknüpfen.

Der »Macht der Gefühle«, der »Lust und Last der Ordnungssysteme« und der »Kraft der Bilder« waren die drei letzten Variationen gewidmet. Nun kommt ein Viertes hinzu: Musik ist Naturkraft jenseits aller Formung durch den Menschen, von wunderbarer Vielfalt und zugleich von faszinierender Einfachheit. Sie ist ohne unser Zutun in der Welt: genug, dass wir sie vernehmen dürfen. »Als wenn ...«, heißt es freilich bei Goethe; und »das ist wie ...« bemerkt Wagner. Dem *Wohltemperierten Klavier* soll also nicht sein artifizieller Charakter bestritten, es soll vielmehr in seinen eminenten Wirkungen beschrieben werden. Da allerdings ist keine Metapher gut genug, um deutlich zu machen: Manche Musik scheint in ihrem Dasein so zwingend, dass man sie sich nur noch als Teil der göttlichen Schöpfung vorstellen kann. Jenseits der Anthropozentrik neuerer Kunst scheinen hier die kosmischen und mystischen Dimensionen von Musik auf.

Doch warum dies alles gerade am Beispiel Bachs und speziell des *Wohltemperierten Klaviers*? Hier greift eine Dialektik, die wir heute besser verstehen, als Goethe und Wagner es zu ihrer Zeit vermochten. Sie sahen in Bach vor allem Höhepunkt und Abschluss einer mittelalterlichen, von religiösen Vorstellungen geprägten Welt, der sie in vielem nachtrauerten. Wir dagegen vermögen deutlicher zu erkennen, dass Bach zugleich ein moderner Komponist ist, in dessen Musik wir viele unserer eigenen Gefühle und Bilder eintragen können, ohne ihr deshalb unrecht zu tun oder sie gar zu vergewaltigen.

Es ist kein Zufall, dass sich Richard Wagner beim Hören des *Wohltemperierten Klaviers* nicht nur an kosmologische Vorgänge erinnert fühlte, vielmehr auch ganz profane Bilder wählte, wenn er seinen Kindern einzelne Präludien und Fugen nahebringen wollte: Da fallen Begriffe wie »klagend leidenschaftlich« oder »mondscheinartig«; und über Präludium und Fuge in Es-Dur aus dem 1. Teil heißt es halb ernst-, halb scherzhaft: »Das ist Wotan, das muß (die 9 ersten Takte zumal) wild aufgespielt werden. Die Fuge darauf ist die Besänftigung, die gute Frau, die sich hübsch kleidet, ihren Mann beruhigt.«

Wie ein kleines Wunder steht dieser Klavierzyklus im Scheitelpunkt der abendländischen Musik; deshalb ist ihm unter den 33 Variationen dieses Buches auch ausdrücklich der Mittelplatz reserviert. Mit gesammelter Kraft fasst Bach zusammen, was seit dem späten Mittelalter über den Kontrapunkt als Inbegriff des musikalischen Satzes gedacht worden ist. Gleichwohl stellt der Zyklus kein eher retrospektives Studienwerk nach Art der *Kunst der Fuge* dar; vielmehr erscheint er als Ausfächerung einer blühenden Individualität, die auch nachfolgende Generationen noch tief beeindrucken wird. Salopp ausgedrückt: Bachs Beschwörung der Vorzeit erfolgt mit modernster Technik! Das Individuum besichtigt diese Vorzeit und bleibt doch, was es ist. Nur dank dieser zweifachen Perspektive konnte das *Wohltemperierte Klavier* Goethe und Wagner faszinieren.

Die Doppelgesichtigkeit des Werks ist exemplarisch an der Konzeption und am Titel ablesbar. Dass es Präludien und Fugen »durch alle Töne und Halbtöne« präsentiert, entspricht der traditionellen Vorstellung von einer musikalischen Wissenschaft, die ihr Feld möglichst planmäßig bearbeitet und demgemäß auch den Tonraum systematisch durchgeht. Auf der anderen Seite: Was heißt hier »Tonraum«? In der Tradition der Pythagoreer, deren Gedankengut bis in die Bach-Zeit hinein diskutiert wird, orientiert man sich am Hexachord, das innerhalb des Oktavraums nur sechs Töne kennt. Von dieser Naturtonbasis aus lässt sich jedoch kein *Wohltemperiertes Klavier* komponieren, mit Präludien und Fugen auf allen Stufen der zwölftonigen chromatischen Skala, und dies in Dur und Moll! Zwar war Bach nicht der Einzige in seiner Zeit, der mit dem zwölftonigen Dur-Moll-Tonsystem experimentierte; doch kein anderer wagte es, mit gleicher Kompromisslosigkeit die irrationale Zahl $\sqrt[12]{2}$ zu bemühen, um die Oktave streng rational in zwölf gleiche, jedoch nicht mehr im Sinne des Pythagoras natürliche Intervalle teilen zu können.

Irrationale Zahlen entstehen, wenn man beispielsweise die Fläche eines Kreises mathematisch genau in die eines Quadrates umrechnen, also die sprichwörtliche »Quadratur des Kreises« versuchen will. Desgleichen tauchen sie auf, wenn man eine Oktave mathematisch genau in zwölf Halbtöne teilen will. Der alte Pythagoras hat die Existenz irrationaler Zahlen geradewegs geleugnet, weil sie Zweifel an der Durchdachtheit des Schöpfungsplans nähren konnten; und der Sage nach hatte er seinen Schüler Hippasos ertränken lassen, als dieser sich zu intensiv mit dem Thema beschäftigte.

Zu Bachs Zeiten ertränkt man deshalb niemanden mehr. Man trägt aber weiterhin große Bedenken, in dem oben skizzierten Sinne »regulierend« in die Schöpfung einzugreifen. Das aber ist Voraussetzung dafür, dass auf einem Tasteninstrument jede Dur- und Molltonart »bedient« und außerdem unbeschränkt von der einen in die andere moduliert werden kann – eine Möglichkeit, die über 100 Jahre später Richard Wagner in Tristan und Isolde bis zum Exzess nutzen wird.

Bach kennt zwar keine Exzesse in eine einzige Richtung, geht jedoch in allen Richtungen an die Grenze. Kein musikalischer Zyklus, der einer strengeren Tonordnung folgte und sich mit dem Thema »Kontrapunkt« gründlicher befasste als das Wohltemperierte Klavier! Aber auch kein Werk, das in ähnlicher Lebendigkeit mit Gattungs- und Formtraditionen, musikalischen Charakteren und Idiomen aller Art spielte. Da vermischt sich »Gelehrtes« mit »Galantem«; »malende« oder »redende« Momente treffen auf strenge Taktordnungen. Niemand hat solchen Universalismus besser beschrieben als Robert Schumann: Weder entgeht ihm die »geharnischte Ordnung des Bach'schen Ideengangs«, noch hat er Zweifel, in dem Zyklus »Charakterstücke höchster Art, zum Teil wahrhaft poetische Gebilde« vorzufinden, deren jedes »seinen eigenen Ausdruck, seine besonderen Lichter und Schatten« verlange.

18.
»Hört ihr Leut und lasst euch sagen«
Universelles Denken à la Wagner

UNTER DEN VIELEN ARTEN, Wagner nicht zu mögen, gibt es einige recht dumme. So wird das Urteil, Wagner sei zwar ein großer Bühnenzauberer, aber kein wirklich zünftiger Komponist gewesen, nicht dadurch stimmiger, dass man es positiv verstanden wissen möchte. Dass jemand nicht wie Bach immer tiefer zur Essenz der Musik vordringen will, bedeutet ja nicht, dass er nicht zu einem begnadeten Komponisten taugte. Ohnehin muss der Universalismus, den wir an Bach rühmen, im 19. Jahrhundert zwangsläufig ein neues Gesicht bekommen: Wagner versucht ihn im Begriff des Gesamtkunstwerks zu fassen.

Damit in diesem Gesamtkunstwerk die Musik nicht untergeht, sondern aufblüht und immer wieder zur Beherrscherin der Szene wird, bedarf es nicht nur kompositorischen Kalküls im Einzelnen, sondern auch des beständigen Blicks für ein Ganzes, das mehr ist als die Summe seiner Teile. Dies soll in dieser Variation, damit der Übergang von Bach zu Wagner nicht zu groß erscheint, an den *Meistersingern* demonstriert werden, deren Form Peter Cornelius anlässlich der Münchener Uraufführung »eine zur Oper gewordene Fuge« nannte. Der Wagner-Jünger findet damit ein Bild für die Komplexität, mit der in der Oper eins in das andere verwoben ist, auf dass die Universalität des Werks umso deutlicher hervortrete. Wie dies zu verstehen ist, sei an zwei winzigen Szenen demonstriert: den beiden Auftritten des Nachtwächters im zweiten Akt.

Dieser Akt ist ein Wunder an Vitalität, Vielschichtigkeit, Witz und musikalischem Reichtum – und damit alles andere als große, tragische Belcanto-Oper, die zwar auch dramatische Verwicklungen kennt, diese jedoch nur so weit forciert, wie es den Sängern hilft, ihr Potenzial an stimmlicher Leidenschaft abzurufen. Bei Wagner ist es genau umgekehrt: Die Lieder des zweiten Meistersinger-Akts erwachsen aus der Handlung und sind dementsprechend überwiegend »echte« Lieder, das heißt solche, die man nicht nur singt, weil in der Oper eben gesungen wird, sondern weil die Handlung ein Lied fordert – etwa Hans Sachs' Schusterlied »Als Eva aus dem Paradies«, das er während der Arbeit anstimmt, oder Beckmessers misslingendes Ständchen »Den Tag seh' ich erscheinen«.

Beides sind jedoch nicht nur komödiengerechte, vor allem der Charakterisierung der Figuren zuarbeitende Einlagen; vielmehr sprechen sie in einer tieferen Schicht das die ganze Oper beherrschende Thema »Meistergesang« an: hier das »gute«, aber doch ein wenig zopfige Lied des Meisters Sachs, dort das missratene, weil mit den Regeln ohne Sinn und Verstand umspringende Lied des Meisters Beckmesser. Beide Meister werben um die schöne Goldschmiedstochter Eva, die von Wagner auch musikalisch als sittsames, jedoch vor Energie sprühendes Weib in Szene gesetzt wird, das bei passender Gelegenheit seinem Zorn über den Stress mit den Mannsbildern freien Lauf lässt und dabei viel natürlicher als so manche Belcanto-Primadonna agiert. Und beide, sowohl der Witwer Sachs, der sich schon bald zu einem edlen Verzicht durchringen wird, als auch der allzu unattraktive, zumindest sängerisch ungeschickte Junggeselle Beckmesser – beide müssen der Tatsache ins Auge sehen, dass sie weder mit ihren Liedern noch als Personen gegen einen Dritten ankommen, nämlich den Ritter Walther von Stolzing. Der fällt mit seinem Antrittslied in der Meistersingerzunft zwar glatt durch; nachdem er sich jedoch mit den Regeln des Meistergesangs dank Hans Sachs' Hilfe arrangiert hat, bringt ihm sein Preislied nicht nur den Sieg im Sängerwettstreit, sondern auch die Hand seiner Eva ein.

1868, im Uraufführungsjahr der *Meistersinger*, schlug man ein solches Werk tendenziell dem Idealrealismus zu und meinte damit, dass ein an traditionellem Brauchtum orientiertes Sujet politisch korrekt bearbeitet worden sei, will heißen: im Sinne der Versöhnung von Tradition und Fortschritt sowie von Adel und Bürgertum. In solchen Vorstellungen geht Wagners Oper jedoch nicht auf. Die Musik begnügt sich nämlich nicht damit, eine ohnedies stimmige Handlung nach Manier eines Singspiels aufzuputzen, wie sich das die Verfechter des literarischen Realismus wünschen würden. Vielmehr entwickelt sie trotz aller Verflechtung mit der Handlung durchaus autonome Züge.

Man muss nur den Monolog »Was duftet doch der Flieder«, in dem Hans Sachs sein teils väterliches, teils sinnlich-männliches Verhältnis zu Eva und seine geheime Sympathie für den Himmelsstürmer Walther reflektiert, mit Anteilnahme in sich aufnehmen, um zu spüren: Hier kommuniziert Musik – nicht zuletzt mittels einer subtilen Leitmotivtechnik – mit den Tiefen menschlicher Erfahrung und rührt an nonverbale Erlebnisschichten, in denen die Begegnung mit absoluter Musik stattfindet.

Nirgendwo komponiert Wagner eindimensional. Man muss nur die sogenannte *Prügelfuge* am Schluss des Akts an sich vorüberziehen lassen, um zu erleben: Hier geht es nicht nur um ein dramaturgisch geschickt angesteuertes Finale, in dem sich Meister, Gesellen und Lehrbuben in Nürnbergs nächtlichen Gassen eine kleine Schlägerei liefern, wobei die Frauen in den Fenstern liegen und fleißig Wasser auf ihre unvernünftigen Männer gießen. Nein – der Kontrapunkt, ohne den die *Prügelfuge* nicht auskommt, bringt Geschichtstiefe in das Geschehen. Denn er erinnert an die *Turbae*, das heißt an die aufhetzenden Massenchöre aus Bachs Passionen, die Wagner gut kannte. Wie im *Fliedermonolog* aus dem *Schuster* der *Mensch* Sachs wird, so wird aus den Nürnbergern, die aus einem ihnen selbst unklaren Anlass zu raufen begonnen haben, in der *Prügelfuge* zunehmend die aggressive Volksmenge schlechthin.

Damit sind wir endlich beim Nachtwächter, der mit seinem Stundenruf dem Spuk ein Ende bereitet; danach breitet sich Stille aus, der Vollmond tritt hervor und der Vorhang fällt. Zum Aktschluss eine Idylle wie in einem Spitzweg-Gemälde – so liest man gelegentlich in Opernführern; doch in Wahrheit geht es um viel mehr. Denn mit Hornruf und Stundenansage ist der Nachtwächter der geheime Angelpunkt des ganzen Akts. Siebenmal erklingt der Hornruf, von hier und von dort, aus der Nähe und aus der Ferne; und zweimal tritt der Nachtwächter mit seinem »Hört, ihr Leut', und lasst euch sagen, die Glock' hat zehne (bzw. elfe) geschlagen« *in persona* auf. Das ist der Tiefengrund in diesem so komplexen *Meistersinger*-Akt: Klänge vom Naturhorn geistern durch die Nacht, anfänglich so fremdartig, dass sie den Ritter Stolzing erschrocken zum Schwert greifen lassen, danach als Signale des Nachtwächters identifizierbar und doch wie aus einer fernen Welt stammend. Nicht von ungefähr forderte Wagner für Aufführungen »ein wirkliches Stierhorn in Ges. Dies ist unerläßlich und unersetzlich für eine ganz bestimmte, bedeutende Wirkung!«

Man muss sich den Hintergrund dieser Äußerung vor Augen halten, um ihre Tiefendimension einschätzen zu können: Stierhörner blasen auch Hagens Mannen in der *Götterdämmerung*; dort sind sie in c, des und d gestimmt, was einen mehr als herben Zusammenklang ergibt. In den *Meistersingern* soll es ein Horn in ges sein. Auf diese Weise stellt Wagner eine Tritonus-Spannung zwischen dem Hornruf und dem Gesang des Nachtwächters her; denn Letzterer bewegt sich innerhalb des F-Modus auf dem Rezitationston c und ist eine kleine Kostbarkeit für sich: Die archaische Viertonweise folgt augenscheinlich notengetreu einem Typus des Nachtwächterrufs, der damals in Stadt und Land – so auch in Sachsen – noch regelmäßig zu hören ist; außerdem übernimmt Wagner sie bewusst

in ihrer »geborenen« Tonart F. Selbst die choralhafte Harmonisierung des Nachtwächterrufs hat etwas Altmodisches.

In diesem Sinne lässt sich die Szene auf drei verschiedenen Ebenen wahrnehmen: Es gibt zum einen die kunsthaft-illusionistischen Momente, wie sie jedem Bühnengeschehen eigen sind; es gibt zum anderen die »Realität« des Nachtwächters, der wie »von draußen« hereingeschneit scheint. Und es gibt zum dritten die historische Perspektive, aus welcher dieser Nachtwächter dann doch wieder als eine eigentümlich zeitlose Erscheinung erlebt wird.

Was man zunächst kaum wahrnimmt: Dieser Nachtwächter ist eine durchaus mehrperspektivische Person. Vom Exzess seiner guten Nürnberger Bürger ist er dermaßen erschrocken, dass er den abschließenden Elf-Uhr-Ruf nur »mit bebender Stimme« von sich geben kann. Wer will, kann als Besucher der Vorstellung kontrollieren, dass zwischen seinen »Zehn«- und »Elf«-Rufen zwar keine ganze Stunde vergangen ist, aber doch ein Zeitraum, den die Handlung in Echtzeit sehr wohl einnehmen könnte.

Doch alsbald zerstört Wagner die Illusion, dass es auf der Bühne »Realität« geben könne. Dies gelingt ihm paradoxerweise dadurch, dass er Gesang und Hornruf des Nachtwächters der musikalischen

Umgebung stilistisch eben *nicht* anpasst: Vielmehr wirkt es auf den Hörer wie ein kleiner Schock, wenn der Nachtwächter mit seinem Rezitationston c einsetzt, nachdem sich die Musik zuvor in ganz anderen harmonischen Bereichen bewegt hat. Der genaue Sachverhalt ist zumindest für Musikspezialisten von hohem Reiz: Zwar kann der Nachtwächter das c vom *his* des dritten Horns abnehmen. Indessen hat die enharmonische Verwechslung *his/c* an dieser Stelle nichts von der gerühmten Geschmeidigkeit der »Tristan«-Harmonik, geht vielmehr mit dem jähen Abbruch einer Modulation nach H-Dur einher; diese wird vom Orchester zwar angekündigt, aber nicht mehr ausgeführt, weil der Nachtwächter dazwischentritt. Dass dieser dem Finalton f seines Gesangs das dissonante *ges* des Horns folgen lässt, macht vollends deutlich, dass sein Auftritt in die Partitur mit der Absicht eingesprengt ist, die Elemente von Spuk und Realität ununterscheidbar ineinander zu verschmelzen.

Auch andere Opernkomponisten arbeiten mit Nachtwächterrufen, zum Beispiel Hugo Wolf im *Corregidor*, Wilhelm Kienzl im *Evangelimann* und Ferruccio Busoni im *Doktor Faust*, um nur Wagners direkte Nachfolger zu nennen. Doch in allen drei Werken ist der Nachtwächterauftritt – und es bleibt jeweils bei einem – melodisch und harmonisch sorgfältig in die Partitur integriert, um stilistisch ja nicht aus dem Rahmen zu fallen. Bei Wolf hat der Nachtwächter komödienhafte Züge, bei Kienzl und Busoni ist er eine allegorische Figur. Allein bei Wagner wird er zu der skizzierten vieldeutigen Gestalt: Gerade noch meint man ihn leibhaftig gefasst zu haben, da ist er schon wieder im mythischen Dunkel verschwunden. »Das Leben ein Traum«, so mag man mit dem Titel von Calderóns Bühnenstück sagen – oder umgekehrt: »Der Traum das Leben«. Indem Wagner die Handlung nicht in mythischer Vorzeit ansiedelt, sondern in einem ständestädtischen Milieu, dessen Auswirkungen in seine Gegenwart hineinragen, und indem er das verschlungene Gewebe seiner kompositorischen Kunst mit den Fäden alltäglicher

Musikpraxis durchwirkt, schafft er eine Komplexität, die sich mit dem Universalismus des *Wohltemperierten Klaviers* zwar schwer vergleichen lässt, ihm aber kaum nachsteht. In beiden Fällen wird die Welt mit einem Reichtum an Perspektiven gesehen, wie ihn nur die Kunst darzustellen vermag. Macht es in diesem Zusammenhang Sinn, Bachs Diszipliniertheit Wagners Üppigkeit gegenüberzustellen? Der neigt nun einmal zu Unterstreichungen und Ausrufezeichen. Doch wie lässt er Pogner zu Aktbeginn sprechen: »Will einer Selt'nes wagen, was ließ er sich dann sagen?«

19.
»h-Moll – die schwarze Tonart«
Über Tonartencharakteristik

IN DEN SKIZZEN zur Sonate für Violoncello und Klavier (op. 102, 2) hat Beethoven die Bemerkung festgehalten: »h moll schwarze Tonart«. Sie ist deshalb besonders interessant, weil Beethoven kein einziges größeres Werk in dieser Tonart komponiert hat, ihre »Schwärze« also geradezu gemieden zu haben scheint. Gewichtige Ausnahmen stellen zwei Abschnitte aus seiner Missa solemnis dar: Das Christe eleison aus dem einleitenden Kyrie und das Miserere nobis (»Erbarme dich unser«) aus dem abschließenden Agnus Dei dieses Werks stehen in h-Moll. Das würde angesichts der Grundtonart D-Dur, in der die Missa solemnis insgesamt steht, nicht besonders auffallen, stünde nicht in den Skizzen noch einmal ausdrücklich: »miserere h moll«. Auch das »Crucifixus« der Messe wollte Beethoven ursprünglich in h-Moll komponieren, hat sich dann aber eines anderen besonnen.

Offensichtlich spart sich der Komponist die »schwarze« Tonart für Stellen auf, an denen es in besonderer Weise um die Darstellung von Not, Leiden und Verzweiflung geht. Und fragt man weiter, weshalb es ausgerechnet die Missa solemnis ist, in denen h-Moll in seiner ganzen Schmerzlichkeit auftreten darf, liegt die Antwort nahe: Für Beethoven ist es die Tonart der von ihm hoch bewunderten h-Moll-Messe Bachs und durch diese entscheidend geprägt. Mit anderen Worten: Das h-Moll in der Missa solemnis ist auch eine Huldigung an den Bach der h-Moll-Messe.

Im Gegensatz zu Beethoven hat Bach allerdings eine ganze Reihe bedeutender Stücke in h-Moll geschrieben. Einige von ihnen entsprechen dem, was man sich unter einer »schwarzen« Tonart vorstellen mag: etwa die tieftraurige Arie aus der *Johannespassion* mit den Anfangsworten »Es ist vollbracht«. Sie ist der Totenklage nachempfunden, wie sie die Lautenisten der Bach-Ära im *Tombeau* pflegten, und hallt in dem »klagenden Gesang« nach, den das Klavier in Beethovens Sonate op. 110 anstimmt – dort allerdings in as-Moll. Jedoch gibt es bei Bach auch ein ganz anderes h-Moll: etwa das der bekannten Ouvertüre für Orchester und eine obligate Flöte. Dort herrscht zwar nicht allenthalben ausgelassene Heiterkeit; von Melancholie oder Trauer wird man jedoch keinesfalls sprechen können.

Ohnehin sollten wir auf den Kenner hören, der uns belehrt: Von der absoluten Tonhöhe her gesehen, ist das h-Moll der Bach-Zeit nicht das der Beethoven-Zeit. Und wenn Bachs Musik heute auf alten Instrumenten erklingt, so entspricht das auf dem Programmzettel angegebene h-Moll auf der Basis von 440 oder gar 443 Hz Kammerton eher einem c-Moll oder *des*-Moll. Verdichtet das Hantieren mit Tonartencharakteristiken somit nur den Nimbus, der klassische Musik ohnehin umgibt? Zunächst einmal: Ohne Nimbus gibt es keine Kunst. Und deshalb ist es nicht ohne Sinn, wenn Kompositionen mit ihren Tonarten angekündigt werden. Ich weiß aus meiner eigenen Jugendzeit, dass die Ankündigung einer Tonart geheimnisvolle Assoziationen in mir wachrief; und nachdem ich Schuberts *Unvollendete* in h-Moll gehört hatte, war ich höchst gespannt darauf, wie wohl Tschaikowskys *Pathétique* in h-Moll klingen würde.

TONARTEN KÖNNEN ALSO ERWARTUNGEN WECKEN, die unsere Sinne schärfen und uns auf besondere Weise aufnahmebereit für das machen, was da kommen soll. Das Phänomen reicht jedoch tiefer, bis ins kollektive Unbewusste: Dort ist ein jahrhunderte-, wenn nicht jahrtausendealtes »Wissen« über die Tonarten gespeichert, das man – in einem kühnen Bild – mit dem Wissen der

Naturheilkunde vergleichen könnte: Auch das ist für die medizinische Praxis von hoher Bedeutung, ohne immer wissenschaftlich objektivierbar zu sein. Skeptiker argumentieren gern: Wie kann es charakteristische Unterschiede zwischen den Tonarten geben, da ihre Intervallstruktur doch vollkommen identisch ist, ganz gleich, ob es sich um C-Dur, Cis-Dur oder D-Dur beziehungsweise um c-Moll, cis-Moll oder d-Moll handelt? Doch das greift ersichtlich zu kurz; denn unseren Dur-Moll-Tonarten gehen die griechischen Tongeschlechter und die mittelalterlichen Kirchentonarten voraus, die jeweils unterschiedliche Intervallstrukturen aufwiesen und demgemäß auch ganz verschieden wahrgenommen wurden. So nahm Platon in seiner Schrift Politeia das dorische und das phrygische Tongeschlecht für das männliche Ethos in Anspruch, andere Tongeschlechter für das weibliche oder für das klagende Ethos. Angehende Krieger waren demgemäß tunlichst mit Gesängen in Dorisch oder Phrygisch auf ihren Beruf vorzubereiten.

Das europäische Mittelalter übernahm – mit zahlreichen Abwandlungen und Umbenennungen – die altgriechischen Tongeschlechter und ihre Zuordnung zu einem bestimmten Ethos. So konnte noch Martin Luther sagen, er wähle den hypolydischen Kirchenton für die Evangelienlesung, weil Christus ein solch »freundlicher« Herr gewesen sei, den hypomixolydischen Ton aber für die Epistel, weil uns der heilige Paulus als ein so »ernsthafter« Apostel erscheine. Das zur Lutherzeit allmählich aufkommende Dur-Moll-System, also »unser« System, machte solche Unterscheidungen streng genommen unmöglich: Denn nun konnte man nicht mehr zwischen sechs Kirchentönen, sondern nur noch zwischen Dur und Moll unterscheiden. Jedoch hielt sich die Erinnerung an die Kirchentöne beharrlich. Und daran mag es liegen, dass zum Beispiel F-Dur seit dem 17. Jahrhundert zur charakteristischen Tonart der Pastorale im 6/8-Takt avancierte – also jener musikalischen Gattung, die entsprechend ihrer Herkunft aus der Hirtenmusik für die

Sphäre von Naturidylle und Frieden stand. Denn dieses F-Dur verstand man als Erben jenes Lydisch oder Hypolydisch, dessen Charakter Luther als »freundlich« beschrieben hatte und dessen Grundton das f war. Die »Sinfonia« überschriebene Hirtenmusik aus Bachs *Weihnachtsoratorium*, die *Piffa* aus Händels *Messias* sowie das Tonbild weidender Herden aus Haydns *Schöpfung* sind schöne Beispiele für das Nachwirken entsprechender Traditionen.

Originell, wenn auch nur in Ansätzen belegbar ist die Auffassung, dass die Bevorzugung der Tonart F-Dur bei der Komposition von pastoralen, das heißt Hirtenszenen auf reale Naturkonstanten zurückzuführen sei. Schon im 19. Jahrhundert glaubte der Naturforscher Albert Heim herausgefunden zu haben, dass in den Wasserfällen und anderen Gewässern in der Schweiz das f der großen Oktave und über ihm der Dreiklang *c-e-g* deutlich in Erscheinung träten. Und er verwies in diesem Zusammenhang ausdrücklich auf die Akkordstruktur zu Anfang des Schlusssatzes von Beethovens *Pastorale*, in dem die Hirten ihre »frohen und dankbaren Gefühle« nach überstandenem Unwetter äußern und Beethoven eine aus der Schweiz bekannte Alphornweise wie ein Stück Natur erklingen lässt – natürlich in F-Dur.

DAS GESAMTBILD, das sich anhand diverser Einzelbeobachtungen von F-Dur als »charakteristischer« Tonart ergibt, wird nicht unbedingt deutlicher durch die Feststellung, dass es viele Kompositionen in F-Dur gibt, die ganz andere Assoziationen als »Naturidylle« oder »Pastorale« auslösen. Das aber hebt unser Thema auf eine neue Ebene: Wesentlich ist nicht, was die Dur-Moll-Tonarten »objektiv« zu leisten vermögen, sondern was sie nach dem Wunsch von Komponisten und Hörern leisten sollten. Die Antwort lautet: Bewusst oder unbewusst sehnt man sich ein wenig nach den Zeiten zurück, in denen es noch kein die Unterschiede nivellierendes Dur-Moll-System gab, jedes Tongeschlecht vielmehr jeweils unverwechselbar war. Erklang damals etwa eine phrygische Liedweise, so signalisierte dies dem Hörer von vornherein, wo er sich bei diesem Lied emotional und sozial zu Hause fühlen durfte. Auch der Komponist selbst schlüpfte in den jeweils gewählten Kirchenton wie der Priester in ein liturgisches Gewand: War dessen Farbe violett, so wusste die Gemeinde auch ohne große Worte, dass man sich in der Passions- und Adventszeit befand. In vergleichbarer Weise war ein Komponist, der sich eines geprägten Kirchentons bediente, frei von dem Zwang seiner modernen Kollegen, Sinn und Zweck jeden einzelnen Werks gleichsam a priori legitimieren zu müssen; vielmehr konnte er – um beim Beispiel zu bleiben – vom Phrygischen wie von einem fertigen Haus ausgehen, das es nur noch auszugestalten galt.

Die Entlastungsfunktion, die den Kirchentönen zukam, lässt sich mit derjenigen des Mythos vergleichen: In beiden Fällen muss ein Denk- und Wahrnehmungssystem nicht erfunden werden, ist vielmehr vorgegeben. Mit der Einführung des Dur-Moll-Systems, die nicht zufällig am Anfang der Neuzeit stattfindet, geht diese Ära schrittweise zu Ende, und das ist Gewinn und Verlust zugleich. Auf der einen Seite kann der Komponist nunmehr freier über das Tonmaterial verfügen und in ein und derselben Komposition selbstbewusst die Gefilde ganz unterschiedlicher Tonarten durchstreifen: Dadurch ist mehr Spielraum für die individuelle Fantasie und Schöpferkraft. Auf der anderen Seite löst die neue Ungebundenheit bei Komponisten und Hörern die Angst aus, in Beliebigkeit zu versinken: Wo alles möglich ist, kann es auch in puncto Tonartencharakteristik keinerlei Verbindlichkeit mehr geben. So kommt es, dass man die Tonarten des Dur-Moll-Systems weiterhin gerne von den alten Kirchentönen her deutet, jedenfalls einen speziellen Charakter in sie hineinliest. Solche Deutungen sind das eine Mal – etwa im Fall der *Pastorale* in F-Dur – durch eine lange Tradition abgesichert und entsprechend weitverbreitet; das andere Mal entspringen sie der Fantasie des einzelnen Künstlers.

Robert Schumann plädiert in einem kurzen Essay mit dem Titel *Charakteristik der Tonarten* für einen liberalen Umgang mit dem Thema. Zwar kritisiert er die Theoretiker vergangener Generationen, die geradezu »befehlen« wollten, dass zum Beispiel »rechter Ingrimm« in keiner anderen Tonart als cis-Moll wiederzugeben sei; jedoch findet er in der Tonartencharakteristik Christian Friedrich Daniel Schubarts, welche dieser politisch unbequeme Dichter des Sturm und Drang während seiner zehnjährigen Haft auf der Feste Hohenasperg verfasste, auch »viel Zartes und Poetisches«. Am sympathischsten ist ihm die Vermutung, der Tondichter wähle seine Tonarten »wie der Maler seine Farben«, nämlich »ohne viel nachzudenken«.

Das mag man angesichts der Bewusstheit bezweifeln, mit der zum Beispiel sein Zeitgenosse Richard Wagner das Rheingold-Motiv in »einfachem« G-Dur präsentiert, das Walhall-Motiv aber in Des-Dur – also in einer Tonart, die schon durch ihre Entlegenheit deutlich macht, wie groß der Abstand zwischen dem naturhaften Rheingold und der letztlich mit seiner Hilfe erbauten Burg Walhall ist. Spiegelt sich die Entfremdung der Götter von Natur, Recht und Gesetz, mit der ihr Einzug in Walhall erkauft ist, womöglich auch in der abgehobenen Tonart?

DOCH DAMIT GENUG DES SPEKULIERENS, zumal man nicht unterschlagen darf, dass Wagner im *Ring* geradezu als Totengräber der Tonartencharakteristik auftritt: Die Harmonik des Ring-, des Tarnhelm- oder des Wanderer-Motivs ist nur noch bedingt aus der Tonordnung des Dur-Moll-Systems erklärbar, bewegt sich vielmehr gleichsam orientierungslos zwischen den Tonarten. Ist dies auch aus der Handlung heraus begründet, so trägt es doch zur Auflösung der Dur-Moll-Tonalität bei, die dann von Ferruccio Busoni und Arnold Schönberg vollendet wird. Dass seitdem die meisten Kompositionen im Bereich der E-Musik im Titel keine Tonartbezeichnung mehr tragen, liegt schlicht daran, dass sie sich keiner Grundtonart mehr verpflichtet fühlen. Damit fällt auch die Möglichkeit weg, sie im Sinn einer Tonartencharakteristik zu deuten: Jedes Werk will nunmehr bis ins Letzte aus sich heraus verstanden werden, also auch ohne Erwartungen, die eine bestimmte Tonart zu wecken vermöchte. Das bedeutet – nach der Abwendung von den Kirchentonarten im 16. Jahrhundert – noch einmal mehr Freiheit und noch einmal mehr Heimatlosigkeit: Chance und Handicap mancher »neuen Musik«.

20.
»Nachtwandlerinnen der Liebe«
Boudoir und Bordell in der Oper

»OPERNREGISSEUR DES JAHRES IN BORDELL GEKÜRT«. Man könnte diese fingierte Schlagzeile für echt halten, denn die Vorliebe gegenwärtiger Regisseure für dieses Milieu ist unverkennbar. Doch ehe moralische Entrüstung anhebt, ein kurzer Blick auf die Geschichte der Gattung Oper. Diese hatte sich nach ersten akademischen Anfängen schon immer für das Thema »Liebe« in all seinen Spielarten und Schattierungen interessiert. Möglicherweise galt bereits damals der moderne Slogan »stories and sex sell better than sounds«. Denn obgleich das ernste Musikdrama des Barock, die *Opera seria*, sich vor allem mit Göttern und ähnlich hohen Herrschaften zu befassen hatte, durfte auch dort die Kurtisane nicht fehlen. Ein frühes Beispiel bietet Claudio Monteverdis *L'incoronazione di Poppea* – ein Werk, in dem das Boudoir des grausamlüsternen Kaiser Nero den Ort für schamlose Intrigen abgibt, an denen die sittenlose Poppea großen Anteil hat. In Antonio Cestis Oper *L'Argia* heißt die Kurtisane Filaura und ist in einen Pagen verliebt, hinter dem sich niemand anders als Argia, Prinzessin von Negroponte, verbirgt, die Selino, ihrem ungetreuen Liebhaber und Vater ihres Kindes, nachgereist ist ...

Unter zahllosen Opern mit ähnlichem Handlungsschema ist diese von spezieller Pikanterie: Dass man sie 1655 in Innsbruck festlich uraufführte, geschah nämlich der schwedischen Königin Christina zu Ehren, die dort öffentlich zum Katholizimus übertrat und dies mit einer prächtigen Oper feiern ließ. Dem skandinavischen Protestantismus war sie vor allem wegen dessen Engherzigkeit und Sinnenfeindlichkeit untreu geworden. Da schien der Papst, zu dem sie sich anschließend auf den Weg machte, das geringere Übel; denn für den gehörte der Besuch von Prunkopern mit Kurtisanenauftritten geradewegs zu den Berufspflichten.

Die wohl berühmteste Nachfolgerin der vielen Filauras, die wir in der Barockoper finden, ist Violetta, Primadonna in Verdis *La Traviata*. Die Oper ist zwar italienischsprachig; doch nicht zufällig befindet sich das Boudoir der Violetta in Paris, wo man der Geschichte von der selbstlosen Sünderin einiges abgewinnen kann. Nicht von ungefähr beruht das Libretto auf Alexandre Dumas' berühmtem Drama *Die Kameliendame*; und die nicht unwillkommene Botschaft, die in den Theaterlogen betuchter Eltern und ihrer heranwachsenden Söhne ankam, lautet: Gibst du deinen Sprössling in die Hände einer Kurtisane, so beförderst du seine »éducation sentimentale«, machst ihn überhaupt erst ehetauglich. Und wenn alles gut geht, verhilft dein Söhnchen dieser Weibsperson sogar noch dazu, durch einen heroischen Akt des Verzichts alle früheren Sünden abzubüßen und auf den Pfad der Tugend zurückzufinden!

Kurtisanen kann es in der Welt der Oper also nicht genug geben. Man denke nur an die Konkubine Giulietta aus Jacques Offenbachs Oper *Hoffmanns Erzählungen*. Allerdings starb der Komponist kurz vor der Erstaufführung und konnte somit auch nicht verhindern, dass in der Erstfassung für die Pariser *Opéra-Comique* ausgerechnet das Giulietta-Bild gestrichen wurde: Man fand die Begegnung des sexbesessenen Hoffmann mit der verführerischen, jedoch im entscheidenden Moment entschwindenden Giulietta kompositorisch zu matt; und daran konnte offenbar auch die später so berühmte, den Akt einleitende Baccharole nichts ändern. Heute sind *Hoffmanns Erzählungen* auf der Bühne ohne Giulietta freilich nicht mehr denkbar.

Wagen wir uns noch ein wenig weiter – Vorhang auf für die Freudenhäuser der Musik: Mit dem Bordell macht der Komponist Fritz aus Franz Schrekers Oper *Der ferne Klang* Bekanntschaft; im Bordell spricht Macheath alias Mackie Messer aus der *Dreigroschenoper* von Bert Brecht und Kurt Weill auch nach seiner Heirat noch regelmäßig vor; im Bordell spielt vorzugsweise Igor Strawinskys Oper *The Rake's Progress*, in der die Karriere eines Wüstlings beschrieben wird, der nach einem ausschweifenden Leben im Irrenhaus endet.

Reicht das nicht, verehrte Opernregisseure, um eure Lust an und auf Bordellszenen zu befriedigen? Warum soll es nun auch noch das deutsche Singspiel sein? Muss Mozarts *Entführung aus dem Serail* in einem Freudenhaus spielen (so geschehen in der Komischen Oper zu Berlin)? Muss der Jägerbursch Max aus Webers *Freischütz* die Nacht vor seiner Heirat mit der herzigen Agathe unbedingt im Puff verbringen (Oper Leipzig)? Ganz zu schweigen von den Kostümierungen allzu vieler Frauenfiguren als Dirne – von den drei Damen in der *Zauberflöte* bis zu den drei Rheintöchtern im *Ring des Nibelungen*.

Über Fragen des Geschmacks lässt sich schwerlich streiten. Auch darüber, ob ein eigenwilliger Regisseur einem Libretto verborgene Wahrheiten zu entlocken vermag oder bloß ein normales Opernereignis zum flotten Event hochjubeln will, muss von Fall zu Fall diskutiert werden. Doch an einem Punkt hört der Spaß auf, dort nämlich, wo die Musik unter der Regie so zu leiden beginnt, dass man es als ihr Liebhaber im wahrsten Sinne des Wortes nicht länger mit ansehen kann.

Wenn zum Beispiel die Konstanze aus Mozarts *Entführung aus dem Serail* als Insassin eines Puffs vorgestellt wird, so gerät nicht nur die Handlung außer Kurs, sondern auch die Musik. Die Gesangstiraden, mit denen sich Konstanze in ihrer Arie »Martern aller Arten« den Bassa Selim vom Hals hält, gleiten unter diesen Prämissen nämlich ins Lächerliche ab. Eine aufmerksame Regie würde stattdessen die Ambivalenz der Situation herausarbeiten: Da wird Konstanze auf der einen Seite vom »edlen Türken« umworben: Ihm muss sie laut Moralkodex widerstehen, obwohl er zumindest für den Augenblick gar keine schlechte Partie wäre. Da gibt es auf der anderen Seite den Verlobten Belmonte, von dem man allerdings seit der Verschleppung nichts Verlässliches mehr gehört hat.

In diesem, aber eben nur in *diesem* Kontext sind ihre überdrehten, jedenfalls den Singspielrahmen sprengenden Koloraturen mehr als nur hysterisches Primadonnengetue, nämlich forcierter Ausdruck existenzieller Unsicherheit. Überhaupt weiß Mozarts Musik gut für sich selbst zu sorgen und sich gleichsam selbst zu interpretieren. Man denke nur das ironisch gebrochene »Liebes«-Spiel in *Cosi fan tutte* oder an den Klang der Hörner, die Figaros ingrimmige Klage über das Schicksal gehörnter Männer (»Aprite un po' quegli occhi«) im Orchestergraben spöttisch kommentieren.

Mit alledem ist nichts gegen intelligent verfremdende Operninszenierungen gesagt. Von Götz Friedrichs legendärer Bayreuther *Tannhäuser*-Inszenierung ist mir beispielsweise eindrücklich in Erinnerung geblieben, dass zur Beschwichtigung des durch Tannhäusers *Venuslied* ausgelösten Tumultes eine Schutztruppe aufzog, deren Uniformen gleichermaßen an SA wie an Ostblock erinnerten. Das hatte im Jahr 1972, als sich das Publikum mit Bayreuths nationalsozialistischer Vergangenheit noch kaum auseinandersetzen wollte, seinen guten Sinn. Es war außerdem nicht gegen die Musik Wagners gerichtet, sondern Ausdruck der Sympathie für einen Künstler in Tannhäuser-Gestalt, der durch Maßlosigkeit des Wollens und Schaffens provoziert.

Wenden wir uns jedoch wieder unserem Thema zu, nämlich dem berühmten Bacchanale, das den ersten Akt der Oper eröffnet und die Begeisterung, die aus dem späteren Venuslied Tannhäusers spricht, überhaupt erst verständlich macht. Und stellen wir die entscheidende Frage: Gelingt Wagner die musikalische Einlösung dessen, was so manches Libretto als prickelnde bis schwüle Erotik ankündigt, kaum ein Komponist aber musikalisch umzusetzen schafft? Die Antwort lautet: Er hat sich gesteigert. Während die 1845 in Dresden aus der Taufe gehobene Erstfassung in dieser Hinsicht noch vergleichsweise zahm klingt, geht Wagner in der Pariser Fassung von 1861 entschlossener zu Werk. Insbesondere das Bacchanale wird von ihm auf so sinnverwirrend-komplexe Weise neu harmonisiert und orchestriert, wie dies nur der Komponist des Tristan fertigbringt.

Wagners Hoffnung: Die Pariser Opernfreunde, die fünf Jahre zuvor Verdis La Traviata gefeiert haben, sollen wahrnehmen, dass es dieser hergelaufene Deutsche inzwischen mit den berühmten Namen der Grand Opéra auch an klanglicher Raffinesse aufnehmen kann. Beim großen Publikum ist diese Rechnung bekanntlich nicht gleich aufgegangen: Bacchanale und Ballett wurden samt der ganzen Oper zunächst einmal verrissen. Die Pariser Décadence aber – allen voran Baudelaire und Mallarmé – feierte den Komponisten des Tannhäuser vom ersten Augenblick an als einen der Ihren. Nietzsche erklärte dies später damit, dass den französischen Spätromantikern und Symbolisten die »hochfliegende und hoch emporreißende Art« des Künstlertums von Tannhäuser respektive Wagner imponiert habe. Aber vielleicht waren sie auch einfach von der Musik des Bacchanale narkotisiert. Jedenfalls kannten sie sich in Venusgrotten, Boudoirs und Bordellen aus.

21.
»Lesen Sie nur Shakespeares Sturm«
Berührungspunkte
zwischen klassischer Musik und Literatur

BEETHOVEN, nach dem »Schlüssel« zu den Klaviersonaten op. 31,2 und op. 57 gefragt, erwiderte lakonisch: »Lesen Sie nur Shakespeares Sturm.« Eine sibyllinische Antwort, denn die beiden Sonaten, die eine als *Sturm-Sonate*, die andere als *Appassionata* bekannt, sind sowohl in ihren jeweiligen Sätzen als auch im gegenseitigen Vergleich höchst verschiedenartig. Deshalb macht es kaum Sinn, beiden ein gemeinsames Programm unterlegen zu wollen, das auf Shakespeares Drama fußt.

Doch warum sucht man überhaupt nach einem »Schlüssel«? Haydn und Mozart hätte man dergleichen nicht gefragt. Ihre Sonaten erklären sich in Form und Inhalt von selbst; sie sind musikalische Unterhaltung auf hohem Niveau, wollen aber nichts mitteilen, was möglicherweise eines literarischen Schlüssels bedürfte. Bei Beethoven, der auch auf dem Feld der Klaviersonate das Tor zum 19. Jahrhundert und damit zum Zeitalter der Ideenmusik aufstieß, verhält es sich anders. Kein Zufall, dass ihm im November 1801 der Verlag Hoffmeister & Kühnel im Auftrag einer Gräfin Kielmansegge den Vorschlag zu einer Sonate machte, die Ereignisse oder Ideen der Französischen Revolution zum Thema haben sollte. Der Komponist lehnt zwar ab mit der Bemerkung »Reit' euch denn der Teufel insgesamt meine Herrn?« – jedoch nicht aus genereller Abneigung gegen derlei Projekte, sondern mit der Begründung, das »Revolutionsfieber« sei inzwischen abgeklungen und alles schon fast wieder »ins alte Gleis geschoben«. Als Kompromiss schlägt Beethoven der Gräfin eine Sonate vor, die zumindest »in ästhetischer Hinsicht« ihrem ursprünglichen Auftrag nahekommen soll; jedoch scheitert das Projekt an der relativ hohen Honorarforderung von 50 Dukaten.

Schade, dass der Komponist in diesem Fall nicht hat mit sich handeln lassen: Hätte er die *Revolutionssonate* nämlich tatsächlich geschrieben, so besäßen wir vielleicht ein originelles Muster für Klaviersonaten, denen ein verschwiegenes Programm zugrunde liegt; und wir könnten anhand dieses Modells studieren, auf welche Weise Beethoven die unterschiedlichen Ansprüche von »Struktur« und »Sujet« in Einklang zu bringen vermocht hätte.

Schon den Zeitgenossen bereitete es immer wieder Probleme, Beethovens Sonaten »richtig« zu hören, also den »Ideengang«, wie sie es nannten, zu verstehen. Selbst heutige Hörer, denen die Werke viel vertrauter als den Zeitgenossen sind, freuen sich über programmatische Titel wie *Appassionata*, *Pathétique*, *Mondscheinsonate* oder *Les Adieux*, weil sie die Fantasie leiten und außerdem suggerieren, man befinde sich zumindest, was den Gefühlsausdruck angeht, auf gleicher Wellenlänge mit dem Komponisten.

Was diesen angeht, ist die Angelegenheit höchst ambivalent. Gewiss gibt es *einen* Beethoven, der »Programme« im Kopf hat und sich in dieser Hinsicht nicht nur vom Zeitgeschehen, sondern auch von der Literatur anregen lässt. So wären beispielsweise die Ouvertüren zu den Schauspielen *Egmont* und *Coriolan* niemals in der vorliegenden Form zustande gekommen, wenn Beethoven sich nicht zuvor mit ihren literarischen Vorlagen beschäftigt hätte. In diesem Sinne mag er tatsächlich Shakespeares *Sturm* im Kopf gehabt haben, als er sich mit einer der genannten Klaviersonaten beschäftigte. Denn Beethoven war ein Kenner und Verehrer des Dramatikers und sicher stolz darauf, dass man ihn öffentlich den »Shakespeare der Musik« nannte. Wie jedoch gerade dieses Beispiel unmissverständlich zeigt, wollte er dem Frager eben *nicht* offenbaren, was ihn als Komponisten am *Sturm* faszinierte. Vielleicht aber war der Hinweis auf Shakespeare auch nur ein Manöver, mit dem er von anderen, womöglich näherliegenden Assoziationen abzulenken versuchte.

Damit kommen wir zu dem *anderen* Beethoven, der mit seiner ganzen Existenz für einen Künstlertypus steht, der nicht in Worten, sondern nur in Tönen redet. Dafür ein authentisches Zeugnis: Als die Baronin Dorothea von Ertmann mit dem Tod ihres offenbar einzigen Sohnes einen tiefen Verlust erleidet, wartet sie lange vergeblich auf Beethovens Besuch. Doch dann erscheint er, um »in Tönen« zu ihr zu sprechen. »Statt sein Beileid mit Worten auszudrücken«, so soll sich die von Beethoven hoch geschätzte Pianistin später geäußert haben, »setzte er sich sogleich, mich stumm grüßend, an das Klavier und phantasierte während langer Zeit. Wer könnte diese Musik mit Worten beschreiben! Man glaubte Engelschöre zu hören, welche den Einzug meines Kindes in die höhren Sphären feierten. Als Beethoven geendet hatte, drückte er mir stumm die Hand, er selbst war zu aufgeregt, um sprechen zu können, und verschwand.«

Trotz aller hagiografischen Züge hat der Bericht tiefere Wahrheit: Beethoven kennt die Schwierigkeit, sich im Medium der Sprache authentisch zu äußern; zugleich besitzt er die geniale Fähigkeit, dies in Tönen zu tun. Konsequenz dieser zwiespältigen Disposition ist sein imaginärer Appell ans Publikum: Versteht mich, wo ich in Tönen spreche; denn sonst werdet ihr mich nie verstehen! Das sollten wir im eigenen Interesse ernst nehmen und nicht unseren Ehrgeiz dareinsetzen, Beethoven auf die Schliche zu kommen. Etwas anderes ist es jedoch, Diskurse zu eröffnen, in denen sich Musik und Literatur begegnen. Dass sich auf dem Weg über die Literatur neue Einsichten über die Musik eröffnen, scheint mir Shakespeares *Sturm* jedenfalls eindrucksvoll zu belegen. In diesem Alterswerk gibt es – anders als etwa in den Königsdramen – kaum konkrete Handlung. Stattdessen regiert die Allegorie; und nicht zufällig ist viel von Zauberei, Wunder, Schlaf, Traum, Illusion, Ich-Verlust die Rede.

Beethovens Altersgenosse, der Dichter Jean Paul, der seinerseits durch die Klang- und Bildkraft seiner Sprache die Natur in eine magische Zeichenwelt zu verwandeln wusste, pries einen Satz aus dem *Sturm* mit den Worten, er habe »ganze Bücher« von ihm geschaffen; und er meinte die Worte des Prospero: »Wir sind von dem Stoff, aus dem die Träume sind; und unser kleines Leben beginnt und endet als Schlaf.« Als ich dies vor Kurzem las, wurde ich hellhörig; denn schon zuvor hatten mich die Topoi »Traum« und »Schlaf« zu einer neuen Deutung des Anfangs der *Sturm-Sonate* inspiriert. Dort werden dem Hörer unvermutet zwei gegensätzliche Materialstücke an den Kopf geworfen, ohne dass er gleich einen Sinn darin sehen könnte: ein meditatives *Largo* und ein hektisches *Allegro*. Das erste ist harmonisch ausladend, jedoch rhythmisch diffus, das zweite rhythmisch prägnant, aber harmonisch unauffällig; Melodik, die das übergeordnete Dritte darstellen könnte, spielt nur eine Nebenrolle.

Die Polarität dieses Anfangs, für deren Schroffheit die zeitgenössische Musikkritik das Standardwort »bizarr« bereithielt, lässt sich unterschiedlich verstehen. Aus höherer, jedoch ein wenig abstrakter Sicht bietet sich die Deutung an, dass Beethoven zwei unterschiedliche Energie- oder Daseinsformen habe zusammen-

spannen wollen. Bleibt man lieber auf dem Boden leib-seelischer Erfahrungen, so könnte man auf den Spuren Jean Pauls die Phänomene »Traum« und »Schlaf« zum Thema machen und an einen Säugling denken, der aus dem Traum erwacht, die Augen aufschlägt und im nächsten Moment kräftig losstrampelt. Eine solche Deutung, die der Fachmann gern als bloße Anmutung eines Laien beiseiteschiebt, wird zwar nicht dadurch triftig, dass sie sich vage auf Shakespeare und Jean Paul beruft; sie verliert dann jedoch an Beliebigkeit und wird gleichsam Teil eines »großen Nachsinnens« über Musik in literarischen Kontexten.

Zu weiterem Nachdenken über diesen Fall gab eine Lehrveranstaltung über Beethoven und Hölderlin Anlass, die ich mit dem Literaturwissenschaftler und Diskurstheoretiker Jürgen Link durchführte. Unabhängig voneinander beeindruckte uns die strukturelle Verwandtschaft des Sonatenbeginns mit dem Anfang von Hölderlins bekannter Hymne *Patmos*, die in großer zeitlicher Nähe von op. 31, 2 entstanden ist:

> »Nah ist
> und schwer zu fassen der Gott.
> Wo aber Gefahr ist, wächst
> das Rettende auch …«

Auch hier finden sich gleich zu Anfang auf engem Raum inhaltsschwere binäre Oppositionen (»nah« und »schwer zu fassen«), und zwar als gewichtige Aussagen ohne eine enge syntaktische Vermittlung. Das Verbindende zwischen Sonate und Gedicht, zwischen Musik und Literatur liegt hier selbstverständlich nicht im Inhalt, sondern in der Übereinstimmung der Konstruktionsprinzipien. Weshalb in diesem Fall gerade das Prinzip der binären Opposition aufhorchen lässt, wird verständlich, wenn man nach den gemeinsamen Intentionen der gleichaltrigen Künstler Beethoven und Hölderlin zu Beginn des Napoleonischen Zeitalters fragt: Beide wollen mit den Mitteln ihrer Kunst eine »neue Mythologie« stützen, die in verheißungsvoller Zeit – entsprechende Erwartungen richteten sich damals auf Napoleon – zur allgemeinen Sinnstiftung beitragen soll. Es geht also um den Mythos, dessen weltumspannende Gemeinsamkeiten nach Auffassung von Claude Lévi-Strauss nicht in ihren Inhalten liegen, sondern in ihrer Struktur.

Wichtigstes Strukturmerkmal des Mythos ist für den großen, unlängst hundert Jahre alt gewordenen Mythenforscher und Strukturalisten die besagte binäre Opposition: Sie spiegelt die Tatsache, dass der Mensch, um zu überleben, seit seinen Anfängen mit antagonistischen Gegensätzen fertig werden muss. In diesem Sinne ist das Erfinden und Erzählen von Mythen ein beständiges Probehandeln. Worin existenzielle Antagonismen begründet sind, veranschaulicht der Titel eines der Bücher von Lévi-Strauss: *Das Rohe und das Gekochte*. Es geht um den Gegensatz zwischen Natur und Kultur, der das Leben der Naturvölker beherrscht.

Vermittelt durch Rousseau und die französische Aufklärung, spielt dieser Gegensatz von Natur und Kultur auch in der Napoleonischen Ära eine bedeutende Rolle; und speziell Hölderlins und Beethovens Schaffen spiegelt diese Thematik beständig. Doch nicht darum geht es bei der Betrachtung der *Sturm-Sonate*, sondern um die allgemeinere Hypothese, dass ein Werk wie dieses dadurch mit Bedeutsamkeit aufgeladen wird, dass es auf gut nachvollziehbare Weise mit Strukturelementen des »alten Mythos« arbeitet und auf diese Weise die Brücke zur »neuen Mythologie« schlägt. Was die Musik angeht, muss man an diesem Punkt nicht lange fragen, ob dies unbewusst oder bewusst geschieht, ob die Aussagen über den Beginn der *Sturm-Sonate* auf den ganzen Satz übertragbar sind (sie sind es), ob Vergleiche mit anderen Kompositionen zu zuverlässigeren Erkenntnissen führen usw. Hier handelt es sich zunächst einmal nur um die Einladung, sich der klassischen Musik auf dem Weg über die Literatur zu nähern. Beethovens Hinweis auf Shakespeares *Sturm* ist da ein interessanter Einstieg; nicht weniger, aber auch nicht mehr.

22.
»Von Herzen – möge es wieder zu Herzen gehn!«
Werk und Biografie

NATÜRLICH KANN MAN ALLES ÜBERTREIBEN. So hat der Musikhistoriker Arnold Schering in den Dreißigerjahren des vorigen Jahrhunderts seine Forscherkarriere dadurch beschädigt, dass er wie ein Besessener nach vermeintlichen literarischen Vorlagen in Beethovens Instrumentalwerken suchte und »selbstverständlich« bei Homer, Euripides, Tasso, Shakespeare, Cervantes, Goethe, Schiller, Jean Paul usw. fündig wurde. Es ist in der Rückschau nur zu begrüßen, dass nach Ende des Zweiten Weltkriegs jüngere Musikwissenschaftler von diesen Auswüchsen der »hermeneutischen« Methode nichts mehr wissen wollten und sich strengen strukturanalytischen Verfahren verschrieben. Namentlich der in Variation 5 zu Wort gekommene Carl Dahlhaus wollte das musikalische Kunstwerk allein aus sich selbst heraus verstanden wissen, also möglichst ohne alle Erklärungen von außen.

Allerdings führt ein solches Verfahren, rigoros betrieben, seinerseits in eine Sackgasse. Dazu ein Blick in Dahlhaus' Beethoven-Buch von 1984. Im Kapitel »Werk und Biographie« erläutert der Autor an einigen Beispielen, wie er sich eine rein an der kompositorischen Struktur orientierte Werkbetrachtung vorstellt, und nimmt dabei auch das »Rezitativ« aus der zuletzt diskutierten *Sturm-Sonate* in den Blick. Dahlhaus muss zugeben, dass dieses »formal schwer verständlich« ist; gleichwohl geht es ihm gegen seine Analytiker-Ehre, sich mit einer weichen »psychologisch-biografischen Begründung« zufriedenzugeben. So erklärt er die Stelle mit einigem Geschick als motivische Ableitung des »Hauptthemas«.

Das leuchtet ein. Denn immerhin hat Beethoven just zur Zeit, als er dieses Werk schrieb, für sich das Verfahren entdeckt, prozesshaft zu komponieren und im Extremfall einen ganzen Satz aus dem Eingangsgedanken zu entwickeln. In unserem Fall erklärt dies jedoch nur, *wie* das Rezitativ geformt ist, nicht aber, *warum* Beethoven überhaupt auf die ungewöhnliche Idee verfiel, in einen Sonatensatz ein instrumentales Rezitativ einzufügen. »Con espressione e semplice« soll es vorgetragen werden, also »mit Ausdruck und einfach« – so als würde das Klavier tatsächlich singen. Natürlich soll der Hörer dem Rezitativ keinen Text unterlegen; er soll es jedoch innerlich mitsingen und spüren, dass hier ein Subjekt spricht, das sich mit schwacher, doch hörbarer Stimme gegen den Machtanspruch wendet, der zuvor von dem pathetischen Hauptthema ausgegangen ist. Und, o Wunder: Nachdem das vermeintlich schwache Subjekt im Rezitativ seine Stimme erhoben hat, scheint es das so viel mächtigere Hauptthema geradewegs zu verdrängen: Jedenfalls taucht dieses entgegen den Regeln bestenfalls noch einmal als sein eigener Schatten auf; im Wesentlichen muss der Satz ohne weiteren heroischen Auftritt zu Ende gehen.

Da haben wir noch einmal die narrative Dimension des Kopfsatzes der *Sturm-Sonate*, die uns schon in der vorangegangenen Variation beschäftigte. Und zugleich kommt Beethovens Biografie ins Spiel, da sie sich vom Werk nicht trennen lässt. Was wir gerade »prozesshaftes Komponieren« nannten, hat Beethoven selbst um 1803 als »neuen Weg« bezeichnet, den er künftig beim Komponieren einschlagen wolle. Und nicht zuletzt dieser »neue Weg« war es, der ihn aus seinen Depressionen, von denen das um dieselbe Zeit niedergelegte *Heiligenstädter Testament* Kunde gibt: Was für den Komponisten bis dahin nur lebensgeschichtlich relevant gewesen war, sollte auch in seine Kunst Eingang finden. Im Medium der Musik können Dinge »bewältigt« werden, mit denen man im Leben resignativ abgeschlossen hat.

Zwar ist es eine Binsenwahrheit, dass sich ein Werk aus seinem einstigen biografischen Kontext zu lösen vermag. Doch anstatt auf verlorenem Posten für eine strikte Scheidung von Leben und Werk zu kämpfen, sollten wir klassische Musik besser als ein kommunikatives Medium verstehen, das einem Geflecht gleicht, in dem Zeitbedingtes und Überzeitliches, Individuum und Gesellschaft, Komponistenbiografie und Werkstruktur aufs Engste miteinander verwoben sind. Wer an einer Stelle dieses Geflechts den Faden aufnimmt, landet niemals in den Höhen des reinen Geistes, hat es vielmehr alsbald mit einem Knäuel unendlich vieler Fäden zu tun.

Der französische Philosoph Roland Barthes, je nach Definition Strukturalist oder Poststrukturalist, hat sich am Beispiel von Marcel Prousts großem Romanzyklus *Auf der Suche nach der verlorenen Zeit* intensiv mit der Dialektik von Leben und Werk beschäftigt. Zwar sei es trügerisch, zu glauben, man halte mit der Biografie des Künstlers auch den Schlüssel zu seinem Werk in Händen. Doch zweifellos schafften solche Trugbilder »einen Mehrwert bei der Lektüre«, so Barthes, weil paradoxerweise das Trugbild geradezu das Fundament dieser Lektüre bilde. Anders gesagt: Wir brauchen die Biografie, um das Werk in sie eintragen zu können.

Denn die »reine« Kunst macht Angst, gleicht dem unbegriffenen Orakel. Wer Musik hört, tut dies – unwissentlich oder bewusst – vor einem Erwartungshorizont, an dem das Motto geschrieben steht, welches Beethoven seiner *Missa solemnis* voranstellte: »Von Herzen –

möge es wieder zu Herzen gehn!« Mag man das musikalische Werk auch noch so emphatisch als autonom feiern, letztlich ist es doch nur ein Medium, das beide braucht: denjenigen, der es aussendet, und denjenigen, der es empfängt. So ist es nebenbei bemerkt auch kein Zufall, dass das Publikum weiterhin auf die »Personalisierung« von Musik im Konzertsaal setzt, anstatt sich mit dem CD-Player zu begnügen.

Tödlich ist allerdings jede Art von Engführung – so auch der Versuch, für bestimmte Werke spezielle biografische Konstellationen verantwortlich zu machen. Dass ein Genie biografisch nicht ausrechenbar ist, zeigt als ein Beispiel für viele der junge Mendelssohn: Mag sich das kompositorische Wunder der Ouvertüre zum *Sommernachtstraum* unter der Überschrift »Frühreife« noch einigermaßen einordnen lassen, so weiß man mit der »Frühreife« des a-Moll-Quartetts op. 13 beim besten Willen nicht umzugehen. Denn dort wird Beethovens später Quartettstil nicht etwa nachgeahmt, sondern mit einer Souveränität fortgeschrieben, die man nur einem reifen Mann zutraut. Dergleichen bleibt biografisch unerklärlich; und ebenso griffe man zu kurz, wollte man Mendelssohns spätes, düster-leidenschaftliches f-Moll-Quartett vor allem als Reaktion auf den Tod der geliebten Schwester Fanny verstehen – anstatt zu begreifen, dass durch dieses Ereignis Kräfte lediglich freigesetzt wurden, die schon lange darauf warteten, abgerufen zu werden.

Das gilt auch für Richard Wagner, dessen kompositorische Potenzen einerseits stark von der jeweiligen Lebenssituation abhingen, sich aber andererseits von äußeren Lebenssituationen ganz unabhängig entfalten konnten. So meinte er einmal rückschauend zu seiner zweiten Frau Cosima: »Das empörte Minna, meine erste Frau, daß während der fürchterlichsten Szenen, die sie mir machte, ich ruhig blieb, weil mir für *Tristan* oder *Walküre* etwas einfiel. (...) Die Inspiration lacht aller Nöte wie alles Wohlseins.«

Die zahlreichen Komponistenbiografien, die ich selbst verfasst habe, sind stets um der Werke willen verfasst worden: Zu einem Musiker, dessen Musik mich nicht faszinierte, würde mir nichts einfallen. Welchen Sinn könnte es auch haben, einen Tonkünstler wie Anton Bruckner mit seinen Allmachtsfantasien, Vernichtungsängsten, Kontrollzwängen, sexuellen Hemmungen, Feigheiten, seiner Bigotterie und Nekrophilie usw. aufzuspießen, wenn es nur um den »Menschen« ginge! Mit Sicherheit haben in der k.u.k. Monarchie, in der Bruckner lebte, Tausende von Männern ein ähnliches Persönlichkeitsprofil gehabt, ohne jedoch imponierende Kunstwerke zu schaffen; denken wir nur an den Bruckner-Verehrer Adolf Hitler.

Gleichwohl hat das eine mit dem anderen etwas zu tun: Der Typus des jeweiligen Kunstwerks korreliert – weder auf vordergründige noch auf gänzlich kryptische Weise – mit dem Sozialcharakter. Dies gilt jedenfalls für »klassische« Musik, die seit dem 19. Jahrhundert entsteht und von einem künstlerischen Subjekt gesteuert wird, das sich vom empirischen Subjekt nicht trennen lässt. Wenn wir Leben und Werk bewunderter Komponisten aufeinander beziehen, so bekommen wir dadurch kaum mehr über die Musik heraus, als diese selbst ausdrückt. Wir erleichtern jedoch unseren Dialog mit dem Werk: Einerseits vermögen wir es uns intensiver anzuverwandeln – gleichsam von Lebensschicksal zu Lebensschicksal. Andererseits geraten wir über uns ins Grübeln: Was für Menschen sind wir, welcher Sozialcharakter wird in *uns* angesprochen, wenn wir uns an Bruckners Musik berauschen – ist es gar der »Bruder Hitler« in uns? Immerhin hat Thomas Mann, von dem diese provokative Formulierung stammt, sich immer wieder mit solchen Gedanken herumgeschlagen.

23.
»Sie hat mich nie geliebt«
Die grandiosen Verstehensleistungen der Komponisten

EINE MEINER FRÜHEN MUSIKERINNERUNGEN verbindet sich mit dem Besuch von Verdis Oper *Don Carlos*. Ich sehe einen alten Mann mit Königskrone nach durchwachter Nacht am Tisch kauern und traurig singen: »Ella giammai m'amò« – »Sie hat mich nie geliebt«.

Das berührte mich damals tief, obwohl ich zu jung war, um die Handlung zu verstehen oder gar die historischen Hintergründe, die hätten erklären können, weshalb sich der spanische König Philipp II. nicht zu wundern brauchte, wenn ihn seine Gattin nicht liebte: Schließlich hatte sie ihn nur aus Staatsräson geheiratet. Für die Erotik hatte man Mätressen, und »Liebe als Passion« à la Niklas Luhmann gab es im 16. Jahrhundert noch ebenso wenig, wie es die Oper gab ...

Die triumphierte hingegen im 19. Jahrhundert, als Verdi seinen *Don Carlos* schrieb und mithilfe seiner Librettisten die Handlung auf der Basis von Schillers Dramenvorlage gebührend emotionalisierte. Zwar hat der spanische König Philipp II. als grausamer Herrscher und unbarmherziger Vater auch in Verdis Melodramma kaum Grund, Liebe einzufordern. Und doch, als es im letzten Akt so weit ist, zieht der Komponist alle notwendigen Register, um ihn nicht als Monster erscheinen zu lassen, sondern als Menschen, der wie jeder andere liebt und leidet.

Das ist einerseits notwendiges Kalkül: Wer 1867 zur Premiere des *Don Carlos* in die Pariser Opéra kam oder 17 Jahre später zur Uraufführung der italienischen Fassung in die Mailänder Scala, erwartete positive Leidenschaften. Nicht Distanz, sondern Identifikation war gefragt. Andererseits konnte Verdi auch gar nicht anders! Mochte der Philipp seiner Oper auch noch so grausam sein: Wenn er im Morgengrauen »wie im Traum« über die Vergänglichkeit alles Irdischen und die Einsamkeit des Herrschers meditierte, hatte er die Sympathie des Komponisten, zwangsläufig. Zwangsläufig? Als Opernkomponist braucht man ein schlechtes Gedächtnis, was bedeutet, dass man nicht wie ein Dramatiker stets die ganze Entwicklung seiner Figuren im Auge hat, sondern nur in den entscheidenden Momenten für sie da ist – dann aber ganz und gar. Da ist man wie eine gute Mutter, die, wo es hart auf hart geht, nicht fragt, was das Kind *verdient* hat, sondern was es *braucht*. So auch Verdi. Mochte der zynische alte König sein Schicksal noch so verdient haben: In diesem Moment rührt es den Komponisten, und daher soll auch seine Musik die Hörer rühren.

Nur gelegentlich, in letzter Konsequenz erst bei Richard Strauss, gelingt es der Musik, boshaft oder nachtragend zu sein. Ihrem Wesen nach ist sie geradeheraus und positiv. Und wenn ein Komponist nicht eigens gegen dieses positive Wesen agieren will, lässt er sich von ihm leiten, und er versucht, selbst für die heiklen Figuren seines Musiktheaters Verständnis aufzubringen. (Seinen König Philipp aus *Don Carlos* zu verstehen dürfte dem mit dem Alter immer skeptischer gewordenen Verdi ohnehin nicht sehr schwergefallen sein.)

»Ach, mein Sinn, wo willt du endlich hin«, beginnt die kürzeste Arie, die Bach je geschrieben hat. Sie entstammt der *Johannespassion* und führt in ungeheurer Dichte die Qualen des Petrus vor, der, um seine Haut zu retten, seinen Herrn vor den Kriegsknechten verleugnet hat und nun vor Scham weder ein noch aus weiß. Bach hat die kleine Komposition mit größter Gelehrsamkeit, nämlich mit den Mitteln der musikalischen Rhetorik, ausgearbeitet; so bringt er zum Beispiel eine »dubitatio« an, wenn der Sänger als

Zeichen seiner Sinnverwirrtheit unschlüssig auf der Dissonanz *eis-gis-h-cis* verharrt, die alsbald in eine neue Dissonanz übergeht. Doch neben dieser sachlich-beschreibenden Ebene hat die Arie eine zutiefst emotionale: Da schreit der Sünder seine Not in erregten Satzfetzen heraus; und man kann sich gar nicht anders vorstellen, als habe Bach zutiefst mit einem Menschen gefühlt, der nicht nur Verzweiflung und Unterwerfung, sondern auch Auflehnung und Wut spüren lässt.

Mozart ergeht es nicht anders. Selbst die böse Königin der Nacht aus der *Zauberflöte* weint bei ihm keine Krokodilstränen, wenn sie über Sarastro klagt, der ihr die Tochter geraubt hat: »durch ihn ging all mein Glück verloren«. Nein, die Musik macht ihren Kummer echt – und schon gar denjenigen der kleinen Barbarina in der *Hochzeit des Figaro*. Die sucht im Nachtdunkel verzweifelt nach der »unglückseligen kleinen Nadel«, die ihr verloren gegangen ist, obwohl sie im Verwirrspiel der Handlung dringend gebraucht wird. Der Komponist ist voller Mitleid mit den Nöten des jungen Mädchens, dessen Rolle übrigens in der Wiener Uraufführung stlecht von einer Sechzehnjährigen gesungen wurde. Selbst den Aufschneider Osmin aus der *Entführung aus dem Serail* finden wir nicht wirklich abstoßend, wenn er unter dem ganzen Lumpengesindel, das sich da neuerdings herumtreibt, einmal tüchtig aufräumen möchte: »Erst geköpft, dann gehangen, dann gespießt auf heißen Stangen...« Wir finden ihn nicht einmal nur komisch; vielmehr macht es die Musik, dass wir ihn im Augenblick seiner Wut verstehen, uns geradezu mit ihm identifizieren können. Der Schweizer Theologe und Mozart-Enthusiast Karl Barth hat – ein wenig pathetisch zwar, aber doch treffsicher – über Mozarts Musik gesagt, wer sie richtig höre, dürfe sich »als der Mensch, der er ist, zur Freiheit berufen fühlen – als der schlaue Basilio und der zärtliche Cherubino, als Don Juan, der Held, und als der Feigling Leporello, als die sanfte Pamina und als die tobende Königin der Nacht«.

Dass auch Richard Wagner dort, wo er als Musiker spricht, mit vermeintlich reinen Antihelden fühlen kann, bezeugen Gestalten wie Beckmesser und Mime. Doch solche Verstehensleistungen fast wider Willen verblassen gegenüber der Einfühlung, die Wagner kritischen Paarkonstellationen entgegenbringt. Da ist Wotans Abschied von Brünnhilde im dritten Aufzug der *Walküre*: Wider seinen tieferen Willen, jedoch einem Gesetz verpflichtet, das inzwischen kraftlos geworden ist, reißt er sich die geliebte Tochter von der Seele: »Leb wohl, du kühnes, herrliches Kind!«

Fast noch ungeheuerlicher ist die Verstehensleistung, die Wagner im zweiten Aufzug des *Parsifal* vollbringt, indem er die Psychodynamik des Nicht-Verstehens zwischen Parsifal und Kundry mit höchster Differenziertheit darzustellen vermag. Überhaupt spricht aus der Partitur des *Parsifal* ein Höchstmaß an Einfühlung in Situationen und Zustände. Es offenbart sich nicht zuletzt dort, wo es um die Leiden der Gralsritter und ihres Königs Amfortas geht, der an einer Wunde dahinsiecht und weder leben noch sterben kann. Da mag selbst Friedrich Nietzsche, obwohl ihn die Tendenz der Weltverneinung im *Parsifal* zutiefst erbitterte, nur noch bewundern: auf der einen Seite ein »Mitwissen und Durchschauen, das eine Seele wie mit Messern durchschneidet«, und auf der anderen ein »Mitleiden mit dem, was da geschaut und gerichtet wird. Dergleichen gibt es bei Dante, sonst nicht.«

Eine andere Art von Verstehensleistungen erbringen Liedkomponisten, indem sie einem Gedichttext so nahekommen, dass seine Botschaft im Medium der Musik weiterlebt, ohne dass ihm Gewalt angetan würde. Besonders glückliche Situationen entstehen, wenn beim Komponisten eine Dichtung wie der Blitz einschlägt: »Das und nichts anderes muss ich vertonen!« Dergestalt stelle ich mir Schuberts Begegnung mit Heinrich Heines *Doppelgänger* vor. An sich kann man sich kein unterschiedlicheres Romantikerpaar vorstellen als diese beiden. Gleichwohl scheint Schubert Heines Gedicht förmlich angesprungen zu haben, jene Vision von einem Menschen, der an den Ort seines alten Liebesleids zurückkehrt, um dort voll Entsetzen auf sein *Alter Ego* zu treffen, das diese Stätte nie verlassen hat und wie am ersten Tag in die Höhe starrt und die Hände ringt.

Doch was bei Heine nur Reim ist und auch nicht mehr sein kann, nämlich »Schmerzensgewalt« und »eigne Gestalt«, wird in der Komposition jeweils zu einem gellenden Schrei, dessen Wirkung das Klavier beim zweiten Mal durch eine funktionsharmonisch kaum zu deutende Dissonanz noch verstärkt. Ist es Zufall, dass erst der »späte« Schubert, der doch noch so jung ist, Heine »versteht« und mit seinen Tönen des Entsetzens ein ganz neues Kapitel in der Geschichte des deutschen Liedes aufschlägt?

Und wo bleiben die grandiosen Verstehensleistungen der Instrumentalkomponisten? Mir kommt die siebte, die sogenannte *Leningrader Sinfonie,* von Dmitri Schostakowitsch in den Sinn, welche auf bewegende Weise die Leiden des russischen Volks aufgreift – gleichviel, ob es um die Repressionen unter Stalin oder um die Belagerung Leningrads durch die Deutschen im Zweiten Weltkrieg geht.

Jedoch im Großen gedacht: Wen oder was »verstehen« große Sinfoniker wie Beethoven, Brahms, Bruckner oder Mahler – das Leben, die Menschen oder ihre Schicksale? Geben wir der Frage mit einem Satz aus Adornos *Philosophie der neuen Musik* eine andere Wendung: »Wir verstehen nicht die Musik – sie versteht uns.«

24.
»Das moralische Gesetz in uns«
Ordnung und Freiheit

EIN AFRIKANISCHER VOLKSSTAMM ertüchtigt sich mit rituellen Jagdgesängen; eine Pilgerschar singt *Meerstern, ich dich grüße* mit der Kehrzeile »O Maria, hilf« auf der Reise; beim Heimatabend vergnügt man sich mit *Uff de schwäbsche Eisebahne*; die plattdeutschen Sänger antworten mit *Herrn Pastor sin Kau*; Kinder krähen die *Vogelhochzeit*; Jazzmusiker improvisieren über *Lullaby of Birdland* – und alle folgen demselben Schema: Refrain – Solo 1 – Refrain – Solo 2 – Refrain – Solo 3 – Refrain etc.

Das dahinterstehende »Prinzip Rondo« weist weit über die Musik hinaus: Es vermittelt symbolisch zwischen Ordnung und Freiheit. Der Kehrreim repräsentiert die verbindliche Ordnung; die unterschiedlichen Strophen stehen für Freiräume innerhalb dieser Ordnung. In diesem Sinn ist das Lied eine ständige Vergegenwärtigung sozialer Praxis, die das widerspiegelt, was für alles Lebendige schlechthin gilt, nämlich besagte Polarität von Ordnung und Freiheit. Im Spiel wird sie lustvoll nachvollzogen – ob auf dem Fußballplatz, auf dem Schachbrett, mit dem Skatblatt oder eben durch Gesang. Im Gehirn dessen, der Musik erfindet, ausübt oder hört, läuft ein Programm ab, das ihn in jedem Augenblick gespannt prüfen lässt: Bin ich in der Ordnung? Und zugleich: Drücke ich mich aber auch genügend selbst aus?

So freundlich sich das »Prinzip Rondo« in der volkstümlichen Musik darstellt, die europäische Kunstmusik fand es über acht Jahrhunderte hinweg, von etwa 800 bis 1600, im Regelfall reichlich einfältig; sie übte sich daher vor allem in einer gelehrt kontrapunktischen Schreibweise, die nur wenig Freiräume für individuellen Ausdruck ließ. Kein Wunder, dass noch im 16. Jahrhundert, als deutsche Kantoren im Zeichen des Humanismus ihre Namen latinisierten, sodass aus einem Hähnel ein Galliculus und aus einem Knöpflin ein Knofelius wurde, die Musik zum Quadrivium der sieben freien Künste zählte. Somit war sie mit Arithmetik, Geometrie und Astronomie zusammengespannt, nicht aber mit den damals als »trivial« angesehenen Künsten Grammatik, Rhetorik und Dialektik.

Als man seit dem 17. Jahrhundert, anstatt im Wesentlichen Kirchenmusik zu schreiben, auch um ein zahlendes Konzert- und Opernpublikum bemüht war, verflog der Hochmut gegenüber der Volksmusik schnell. Man beobachtete nämlich, dass die dem »Prinzip Rondo« folgende Konzertform, die auf dem Wechsel von Ritornell mit diversen Soli beruht, gut ankam. Auch Johann Sebastian Bach arbeitet in vielen seiner Instrumental- und Vokalwerke mit der Konzertform; doch, wie gesagt, er *arbeitet* mit ihr. Während sie für die meisten seiner Zeitgenossen bloßes Gefäß ist, in das man seine Einfälle gießt, ist sie für Bach Architektur, die ihren Wert in sich hat. Das weist schon auf Beethoven voraus!

Doch erst hat Wolfgang Amadeus Mozart seinen großen Auftritt. Wer würde müheloser auf dem Hochseil balancieren, wenn es darum geht, Ordnung und Freiheit im empfindlichen Gleichgewicht zu halten! »Nur nicht abstürzen« lautet die eine Devise, und »Ja nicht langweilen« die andere. Anders als Bach hat Mozart keine Scheu, sich volkstümlicher Modelle auch auf – zumindest vordergründig – naive Weise zu bedienen; und dabei nutzt er in den Finalsätzen seiner Instrumentalkonzerte nicht nur die Form des Rondos, sondern auch die Gattung des Variationensatzes. Diese spielt auf ihre Weise mit der Polarität von Ordnung und Freiheit: Mag man auch in den einzelnen Variationen noch so viele Kapriolen schlagen, der Bezug zum Thema muss immer deutlich bleiben.

In diesem Sinne habe ich Mozart als Vorbild meines Buches gewählt. So verschiedenartig die einzelnen Variationen auch daherkommen, bei allem bleibt der Blick fest auf das Vorhaben gerichtet, der Leserin und dem Leser anhand von Beispielen aus dem klassischen Repertoire unversehens eine kleine Musikästhetik unterzuschieben.

Zurück zu Mozarts *Finali*. Es läge nahe, sich eines jener Rondo- oder Variationenfinale aus den Klavierkonzerten vorzunehmen, die so viele abenteuerliche Ausflüge ins Reich der Freiheit unternehmen, um schließlich doch mit einer eleganten Wendung immer wieder zur Ordnung zurückzufinden, allen voran das streckenweise geradezu burleske Finale des G-Dur-Konzerts KV 453, dessen Thema der »Vogel Stahrl«, geliebter Hausgenosse der Mozarts, so hübsch pfeifen konnte:

Wir wählen jedoch etwas Erhabeneres, nämlich das Finale der *Jupiter-Sinfonie*. Dort macht Mozart ausnahmsweise einmal zum Programm, was sonst zu seinen Selbstverständlichkeiten gehört: Ordnung und Freiheit in lustvoller Balance zu halten; speziell geht es um die Aufgabe, das Schwere leicht zu machen. Sicherlich ist es eine große Herausforderung, mit den traditionellen Ordnungsmomenten Fuge und Kontrapunkt so virtuos umzugehen, dass auf dem Höhepunkt des Satzes sechsmal vier Takte im fünffachen Kontrapunkt erscheinen. Doch während Bach, dem unbestrittenen Meister solcher Künste, bei solchen Gelegenheiten zwar nicht der Schweiß auf der Stirn, aber oft genug der Ernst ins Gesicht geschrieben steht, lässt sich Mozart keinerlei Anstrengung anmerken. Vielmehr mischt er in absichtsvoller Unbekümmertheit unter seine Themen eines, das einer seiner Buffo-Opern entstammen könnte und das im Verlauf des Satzes immer wieder wie eine Rakete gezündet wird und dafür sorgt, dass die Musik zu einem großen Fest wird. Wollte man nach einer höheren Botschaft der sogenannten Wiener Klassik suchen, so hieße sie im Fall des Jupiter-Finales: Der Mensch dient nicht den Gesetzen, sondern die Gesetze dienen dem Menschen.

Was Mozart in seiner letzten Sinfonie zwar akzentuiert, jedoch sicherlich nicht im Sinne eines Testaments kundtut, wird Beethovens Generalthema. Wer möchte sich Mozart bei dem Satz »Das moralische Gesetz in uns, und der gestirnte Himmel über uns. Kant!!!« vorstellen. Beethoven notiert ihn im Verlauf eines Gesprächs und gibt seinem Besucher damit zu verstehen, wie wichtig er göttliche und sittliche Ordnungen nimmt.

Diese bilden den großen Rahmen, innerhalb dessen er sich seine eigenen Tonordnungen schafft – und die sind imponierend neu. Gewiss kann sich Beethoven, wenn er von seinen Zeitgenossen verstanden werden will, nicht außerhalb der Grundkonventionen von Melodik, Harmonik, Rhythmik, musikalischer Form usw. stellen. Doch anders als Mozart übernimmt er nicht das, was er vorfindet, in selbstverständlicher Loyalität; vielmehr stellt er alles auf den Prüfstand.

Natürlich will auch Beethoven, dass am Ende alles gut zusammenklingt. Doch über den Modus dieses Zusammenklingens möchte er selbst bestimmen – und dies für jedes Werk neu. Da ist es endgültig vorbei mit der »naiven« Vorstellung, dass ein Komponist im Rahmen vorgefundener Gesetze individuelle Freiräume nutzt. Mit Beethoven wird das musikalische Opus – durch konsequente Zählung macht der Komponist diese Kategorie zu seinem Qualitätszeichen – zur Schöpfung auch im philosophischen Sinn. Denn nun gilt nicht mehr die traditionelle Hierarchie »überkommene Ordnung – draufgesattelte Freiheit«. Vielmehr herrscht eine Dialektik von Ordnung und Freiheit, die sich tendenziell für jedes Werk neu darstellt. Der Komponist selbst kann kaum mehr unterscheiden, was für ihn Ordnung, was Freiheit ist, weil beide Momente auf subtile Weise ineinander verwoben sind.

Ein wenig pathetisch vielleicht, aber durchaus im Sinne Beethovens könnte man die göttliche Schöpfung zum Vergleich heranziehen. Auch dort lässt sich nicht zwischen Ordnung und Beliebigkeit trennen; vielmehr steht ein Naturphänomen mit dem anderen im Zusammenhang: Präsentiert sich der Wechsel der Gezeiten an einem Tag als schöne Ordnung, so genügt ein Sturm, um den Eindruck von Willkür aufkommen zu lassen; und doch ist auch dieser Sturm wiederum Teil einer höheren Ordnung. An der uns inzwischen schon vertrauten *Sturm-Sonate* kann man diese Dialektik gut ablesen. Da gibt es keinen Ordnungsrahmen, der frei ausgefüllt würde, sondern nur das Wechselspiel von Spontaneität und Gesetzmäßigkeit, Folgerichtigkeit und Willkür.

»Man muss noch Chaos in sich haben, um einen tanzenden Stern gebären zu können«, lässt Nietzsche seinen Zarathustra sagen, und man könnte meinen, er hätte Beethoven vor Augen gehabt. Dessen Zeitgenossen haben zwar etwas vom kreativen Chaos in Beethoven geahnt und sich auch immer wieder vom »tanzenden Stern« beeindrucken lassen; kaum aber haben sie seine Musik in ihrer philosophischen Tiefe verstanden.

Den nachfolgenden Komponistengenerationen war diese Musik dann Offenbarung und Schock zugleich: Sie bewunderten Beethoven für seine schöpferische Kraft, hatten aber weder Mut noch Gabe, wie er in jedem Werk gleichsam von vorn zu beginnen. So kehrten die Verfechter der absoluten Musik zu der traditionellen Haltung zurück, sich Freiräume im Rahmen vorgegebener Ordnung zu schaffen, während die Programmmusiker sich ihr Korsett in Gestalt eines außermusikalischen Sujets schneiderten und sich in diesem Korsett immerhin subjektiv frei fühlen konnten.

Sieht man von dem Sonderfall des Musikdramatikers Wagner ab, so ist Arnold Schönberg als der Einzige zu nennen, der das Thema »Ordnung und Freiheit« auf Beethovens Niveau weitergedacht hat. Seine »freitonale« Phase, in der dies geschieht, wird freilich nur von kurzer Dauer sein: Schon bald ist er dem Stress, der mit gleichsam voraussetzungslosem Komponieren verbunden ist, nicht mehr gewachsen; außerdem quält ihn nun die Einsicht, dass er auf diesem Weg keine »großen« Formen zustande bringen kann. Folgerichtig erfindet er die Zwölftonmusik, in der alles wieder beim Alten ist – wenn auch in moderner Lesart: hier das Ordnungssystem der Zwölftonreihe, dort die Freiheit, innerhalb dieses Sytems ohne Rücksicht auf traditionelle Tonalität schalten und walten zu können.

Vermutlich haben französische Komponisten wie Debussy und Ravel gut daran getan, Mozart zu verehren, zu Beethoven jedoch Abstand zu halten. So können sie sich der Dialektik von Ordnung und Freiheit von ganz anderer Seite nähern. Ihr Geheimnis: Sie ziehen das vom deutschen Idealismus gehätschelte »Ich« aus dem Verkehr, das den Konzerthörern das Gefühl vermittelt, an einem heroischen Kampf um hohe Dinge teilzunehmen und diesen an der Seite des Komponisten und seines sinfonischen Ichs letztendlich zu gewinnen.

Man muss nur auf Werktitel wie Debussys *La mer* oder *Prélude à l'après-midi d'un faune* schauen, um zu wissen, dass es hier ohne solche existenzielle Kämpfe und Siege abgeht, der Komponist seine Hörer vielmehr schlichtweg an dem teilnehmen lässt, was er gesehen, gefühlt, gehört und danach in eine Form gebracht hat. Nicht von ungefähr nennt man ihn deshalb einen Impressionisten!

Natürlich muss sich auch ein Impressionist Rechenschaft über seine Ordnungssysteme abgeben. Ist ein Werk erst einmal angefangen, so zieht ein bestimmter kompositorischer Schritt die nächste Entscheidung nach sich; und es ist für den Künstler oft gar nicht zu unterscheiden, was er selbst an freien Impulsen einbringt, und was die Ordnung, die er diesem Werk auferlegt, einfordert. Was jedoch Debussy und Ravel vor den deutschen Meistern des 19. und beginnenden 20. Jahrhunderts auszeichnet, ist ihr Understatement: Von dem Kampf, den sie gekämpft haben, soll im fertigen Werk nichts zu spüren sein – also keine Musik, die vor Eifer schwitzt. Wenn der Komponist die erotischen Fantasien eines in mediterraner Mittagshitze dösenden Fauns an uns vorüberziehen lässt, sollen wir nicht mit diesem Naturwesen fühlen oder gar fiebern, sondern uns an der Virtuosität freuen, mit welcher Debussy seine Impression von Natur in Kunst übersetzt hat.

Wer von den Großen der Musik vermag am besten Ordnung zu halten? Vielleicht Bach, obwohl es auch bei diesem viel Freiraum und sogar kleine Exzesse gibt wie in der Cembalokadenz aus dem 1. Satz des fünften *Brandenburgischen Konzerts*. Und wer lässt sich am meisten gehen? Vielleicht Mahler, der vor allem in der *Sinfonie der Tausend* große Mühe hat, Maßlosigkeit nicht in Bombast umschlagen zu lassen. Demgegenüber kann Wagner die Weitschweifigkeit des *Rings* immerhin damit begründen, dass er einen ganzen Mythos ans Gefühl bringen muss. In der Mitte steht natürlich Mozart: Seine Musik ist wie ein Naturkunstwerk mit lauter Proportionen nach dem Goldenen Schnitt.

25.
»Ich bin's, ich sollte büßen!«
Bachs Passionen, Picassos Guernica

MIT ANGSTLUST LAS ICH ALS KIND die Edda-Sage von Wieland dem Schmied. Er kredenzt seinem Feind Nidud Wein aus vergoldeten Trinkgefäßen, die er aus den Hirnschalen von dessen gemordeten Söhnen gefertigt hat. Darin, dass mir solches Geschehen ebenso fernstand, wie es mir nah erschien, erlebte ich die Kraft des Mythos. Dieser präsentiert solch grausame Motive ebenso gnaden- wie leidenschaftslos. Sie sind nur Spiegel dessen, was die Welt nun einmal ausmacht.

Die Kunst der Neuzeit hat sich gern mythologischer Motive bedient, sie jedoch als Teil des Bildungskanons angesehen. Das gilt auch für Darstellungen des Grauens, speziell des Leidens Christi. Selbst wenn die Passion Jesu von einem Barockkünstler in aller Drastik gemalt wird, bleibt es doch bei der Maxime, dass Kunst stets die Contenance zu wahren habe, das heißt: ein schönes Gleichgewicht zwischen den Aufgaben des Lehrens, Bewegens und Erfreuens.

Johann Sebastian Bach steht keineswegs außerhalb dieser Kunstauffassung, sprengt sie in seinem Werk jedoch beständig auf. Deshalb bereitet es mir leichtes Unbehagen, wenn ich auf dem Cover einer CD-Aufnahme mit Bachs Passionen eine Darstellung aus dem 17. oder 18. Jahrhundert erblicke. Beides passt nicht wirklich zusammen, und der kritische Punkt ist der Umgang mit dem Mythos – der Maler bildet dessen Oberfläche ab, Bach steckt mittendrin.

Wenn der Thomaskantor die Treppe zur Orgelempore in der Leipziger Nikolaikirche hinaufschritt, kam er an einem Gemälde von Lucas Cranach dem Älteren vorbei, das die Heilige Dreifaltigkeit abbildet. Man erkennt darauf Christus nach erlittener und vollendeter Passion in der Herrschergloriole – gehalten von Gott Vater, auf seinem Schenkel sitzend die Taube als Symbol des Heiligen Geistes. Bach hat den »Gnadenstuhl«, wie Kunsthistoriker das Motiv nennen, dem Eingangssatz seiner *Johannespassion* eingeschrieben. Dort hören wir ein *Ostinato* der unerschütterlich dahinschreitenden Bässe, darüber eine kreisende Bewegung der Streicher und zuoberst ein in harten Dissonanzen sich buchstäblich dahin*quälendes* Bläserpaar.

Das mag man als rein symbolische Form wahrnehmen, innerhalb deren die instrumentalen Bässe die Ruhe, die übrigen Streicher die in sich kreisende Bewegung, die Holzbläser die Dynamik repräsentieren, durch die das unveränderliche und zugleich in sich bewegte Sein in eine bestimmte Richtung getrieben und gleichsam geschichtlich wird. Eine Stufe konkreter ließe sich der musikalische Verlauf als Darstellung der Trinität verstehen: Für Gott Vater steht das Bassfundament; an die Leiden des Sohnes gemahnen die Bläser mit ihren »Schmerzensintervallen«; der Flügelschlag der Taube als Sinnbild des Heiligen Geistes wird durch die wogende Bewegung der Streicher dargestellt. Ganz gleich, ob wir die weiter gefasste oder die engere Sichtweise bevorzugen: In jedem Fall ist dieser Eingangssatz zur *Johannespassion* an Ausdehnung, Wucht und Vielgestaltigkeit in der älteren Musikgeschichte ohne jedes Vorbild. Und das, weil er nicht einfach Christi Leidensgeschichte erzählt, wie der Maler ein Bild malt, sondern das Geschehen in der Dimension des Mythos erfasst. Wie der vokale Part dieses Eingangssatzes mit seinen Anfangsworten »Herr, unser Herrscher« deutlich kundtut, wird Christus nicht nur als der leidende Mensch gesehen, sondern zugleich als der göttliche Bezwinger des Todes. Und das wird nicht hinterfragt oder psychologisiert, sondern in seiner Paradoxie wie im Mythos einfach hingestellt.

In diesem Sinne sorgt das klangliche Portal, durch das man in die Passion eintritt, von vornherein für den tiefen Eindruck, an einem überzeitlichen Geschehen teilzunehmen. Eine vergleichbare Funktion haben die traditionellen Kirchenlieder, die im weiteren Verlauf des Werks von Zeit zu Zeit erklingen; sie erscheinen wie aufragende Pfeiler, die ihrerseits Transzendenz signalisieren, denn auch sie sind Symbole (wenngleich weniger für den christlichen Glauben im Allgemeinen als für den lutherischen im Besonderen). Unversehens hat man die Vorstellung eines musikalischen Domes – ein Bild, das ein Jahrhundert später auf die durch Mendelssohn neu entdeckte *Matthäuspassion* sogar expressis verbis angewendet worden ist. Und um bei diesem Bild zu bleiben: Im Dom, zwischen seinen Pfeilern, spielt sich das eigentliche Passionsgeschehen wie ein Getümmel ab, in dem es an Grausamkeiten nicht fehlt. Denn schließlich geht es um das für Christen größtmögliche Verbrechen, nämlich den Sohn Gottes ans Kreuz zu schlagen.

Bach wird das alles noch viel drastischer nacherlebt haben, als es uns heute vorstellbar ist. Jedenfalls heult, hetzt und tobt das Volk in schneidenden Dissonanzen: »Kreuzige!«, ruft es, legt alsbald in kalter Sachlichkeit nach: »Wir haben ein Gesetz, und nach dem Gesetz soll er sterben«, um schließlich zum anfänglichen Hassgeschrei zurückzukehren: »Kreuzige ihn!« Da verspotten die Kriegsknechte Jesus mit der ironischen Huldigung »Sei gegrüßet, lieber Judenkönig«. Und die Musik stürzt zwei Oktaven tief in den Abgrund, als beim Tod Jesu der Vorhang im Tempel »von oben an bis unten aus« in zwei Stücke zerreißt. Petrus, der den Herrn verleugnet hat, weint in dem längsten chromatischen Melisma, das Bach je geschrieben hat, wahrhaft »bitterlich«.

Auch die auf frei gedichtete Texte komponierten Ariosi und Arien, die wegen ihres meditativen Charakters in die Passion aufgenommen worden sind, lassen an Drastik nichts zu wünschen übrig. »Erwäge, wie sein blutgefärbter Rücken in allen Stücken dem

Himmel gleiche geht«, lautet die Aufforderung des Tenors; und mit »Himmel« ist speziell der an ihm aufscheinende Regenbogen gemeint, dessen Farbspektrum an den geschundenen Leib des Heilands erinnert. Die Musik »malt« nicht nur den Regenbogen, sondern macht auch das »Erwäge« sinnlich nachvollziehbar: Die Melodie zeichnet nach, wie der Zeiger der Waage nach der einen und nach der anderen Seite ausschlägt, ehe er in der schließlich gefundenen Position verharrt.

Freilich bliebe das realistische Szenario von Gewalt und Leid, Spott und Zerknirschung, Erwägen und Mitleiden eine profane Angelegenheit, hätte es sein Zuhause nicht in jenem »Dom«, den der Mythos aus der Passion macht. Es ist das Geheimnis von Bachs Passionen, dass sie in den Tiefen von Mythos, Ritual und Tradition gründen und die Themen Hass, Gewalt, Verfolgung, Leid und Tod zugleich höchst affektiv und in fast schockierend unverblümter Rede ansprechen. Einerseits eine Besinnung auf das Bleibende und Wesentliche, andererseits ein Beharren auf der Einmaligkeit und Aktualität menschlichen Handelns. Eben noch waren wir mitten im Geschehen, indem wir in der *Matthäuspassion* die Jünger durcheinanderreden hörten: »Herr, bin ich's?«, und schon antwortet mit den Worten des Kirchenlieds »Ich bin's, ich sollte büßen« ein ganz anderes Ich. Das ist wie ein Echo aus der Ferne – oder gar aus unserem Herzen? Stimmen von hierher und dorther; getriebene Kreatur in einer aufgewühlten Schöpfung.

Sucht man Vergleichbares in der Malerei, so findet man es nicht bei einem der Zeitgenossen Bachs, sondern bei zwei Künstlern aus einer jeweils ganz anderen Zeit: Matthias Grünewald ist mit seinem *Isenheimer Altar* Bach um zwei Jahrhunderte voraus, Pablo Picasso folgt ihm mit *Guernica* in einem Abstand von wiederum zweihundert Jahren nach. Von Letzterem soll hier die Rede sein, jenem Gemälde, mit dem der Künstler im Jahr 1937 auf eine Gräueltat während des spanischen Bürgerkriegs reagierte.

Auch aus *Guernica* spricht eine extreme Spannung zwischen der schreienden Realistik der einzelnen Bildmomente und der mythischen Abgeklärtheit des Ganzen. Die Gesamtkonzeption des mit 351 cm × 782 cm gewaltig dimensionierten Kunstwerks kann man freilich nur aus der Ferne wahrnehmen; und da scheinen die höchst drastisch dargestellten Details in mythische Ferne gerückt. Der Mythos aber ist gleichgültig gegenüber dem mörderischen Tun: »So ist die Welt«, scheint er zu sagen; »so war sie immer, und so wird sie bleiben!«

Man sollte wissen, dass nicht nur der »alte« Bach, von dem man es gewissermaßen erwartet, geschichtstief komponiert, dass ihm vielmehr der moderne Picasso darin folgt. So ist ein erster Entwurf von *Guernica* bis ins Detail einem 1544 entstandenen Holzschnitt von Hans Baldung Grien mit dem Titel *Der behexte Stallknecht* nachgebildet. Wer die Schrecken der Zerstörung der spanischen Stadt Guernica malt, so scheint Picasso anzudeuten, kann von keiner individuellen Erfindung ausgehen, muss vielmehr archetypische Modelle aufgreifen. Von Weitem wirken Picassos Figuren wie zu reiner Bildgeometrie erstarrt: archaisch, in die Ferne gerückt und affektlos wie der Mythos. Aus der Nähe kann man sie, selbst wenn dies die Intention des Künstlers gewesen sein sollte, jedoch unmöglich ohne Emotionen, ohne Empathie und Schauder betrachten. Vielmehr ist man mittendrin im Grauen und kann gar nicht anders, als die zerteilten Gliedmaßen der menschlichen Leiber nicht nur als Elemente einer abstrakten Bildordnung, sondern auch in ihrer schrecklichen Realität wahrzunehmen.

Inbegriff des Ineinanderlaufens von aktueller Betroffenheit und mythischer Gelassenheit ist das am oberen Bildrand postierte Element: ein Lampenschirm mit Glühbirne, der zugleich auch Auge Gottes ist. Der Schock, den diese Mehrdeutigkeit auslöst, lässt sich gut mit dem Aufeinandertreffen der verschiedenen Ichs in Bachs Passion vergleichen: die dem aktuellen Geschehen angehörenden

Jüngerrufe »Herr, bin ich's?« und das dem Christen wie aus einer anderen Welt aufgedrungene »Ich bin's, ich sollte büßen«.

Idealistische Ästhetik fordert den gelungenen Ausgleich von Inhalt und Form, Tektonik und Semantik oder – in unserem Fall – von mythischer und realistischer Sicht. Somit würde sie weder Bachs Passion noch Guernica das Prädikat »erhaben« zusprechen; denn bei Bach wie bei Picasso stoßen sich die Ebenen so hart im Raum, dass den Werken trotz aller struktureller Kraft Momente von Improvisation und Unabgeschlossenheit anhaften. Vielleicht ist gerade das eine Qualität, die ihnen die Aufmerksamkeit auch späterer Generationen gesichert hat: Wenn die Kunst schon nicht über die Macht des Mythos verfügt, soll sie doch etwas von seiner Wildheit ahnen lassen.

26.
»Die Ehe – ein musikalisches Wort«
Tonbuchstabenspiele

VERMUTLICH WAREN ES DIE ALTEN GRIECHEN, die als Erste auf die Idee gekommen sind, Melodien in Buchstabenschrift zu notieren. Jedoch kannten sie weder Noten noch ein System von Notenlinien im heutigen Sinne. Für beides legte Guido von Arezzo in der ersten Hälfte des 11. Jahrhunderts die Grundlagen. Der gelehrte italienische Mönch griff jedoch nicht auf Tonbuchstaben zurück, als er sein epochales Notensystem vorstellte, sondern auf Tonsilben, wie man sie bis heute in der Solmisation verwendet; dort heißen sie inzwischen *do-re-mi-fa-sol-la*. Erst im späteren Mittelalter, als man nach geeigneten Unterrichtsmethoden für die neuen Tasteninstrumente suchte, fing man damit an, eine jede Taste nach dem ihr zugehörigen Tonbuchstaben zu benennen und womöglich entsprechend zu beschriften. Während die Fraktion der Sänger noch lange bei den Solmisationssilben blieb, begann in der Instrumentalmusik der Siegeszug der Tonbuchstaben – mit einem späten, aber hübschen Nebenprodukt: dem Tonbuchstabenspiel.

Dessen »Erfinder« dürfte der alte Bach gewesen sein. So überliefert es sein Vetter, der Lexikograf Johann Gottfried Walther, der die Musikalität der Großfamilie Bach auch darauf zurückführte, dass »die Buchstaben b-a-c-h in ihrer Ordnung melodisch sind«. Weil Bach in diesen Dingen, wie es sein Sohn Wilhelm Friedemann formulierte, »kein Narr« war, hat er selbst diese Tonfolge jedoch nur ein einziges Mal an exponierter Stelle seines Werks angebracht, nämlich in der *Quadrupelfuge* aus dem Zyklus *Kunst der Fuge*. Nachfolgende Generationen haben dann viele Fantasien und Fugen über die Tonfolge b-a-c-h komponiert, um dem Meister damit zu huldigen – so Robert Schumann, Franz Liszt, Max Reger, Arthur Honegger oder Hanns Eisler. Ein fleißiger Forscher hat einmal genau nachgezählt und es dabei auf 569 einschlägige Kompositionen gebracht.

Indessen dauerte es nach Bach noch ein ganzes Jahrhundert, ehe Komponisten wie Robert Schumann und Johannes Brahms auf die Idee kamen, das Tonbuchstabenspiel auf eine breitere Basis zu stellen und zum Beispiel die Namen ihrer heimlichen oder offenen Lieben in Musik zu übertragen. So ist Schumanns kompositorisches Debüt, die *Abegg-Variationen* op. 1, der Pianistin Meta Abegg gewidmet, deren Name sich trefflich in ein Walzerthema (eben a-b-e-g-g) überführen lässt. Ganz auf den Spuren seines Mentors Schumann verwendete Brahms im ersten Satz seines Streichsextetts in G-Dur op. 36 die Tonfolge a-g-a-h-e, um sich, wie er dem Freund Joseph Gänsbacher anvertraute, von seiner letzten Liebe loszumachen; gemeint war die Göttinger Professorentochter Agathe von Siebold. Auch das Lebensmotto des jungen Geigers Joseph Joachim (»Frei, aber einsam«) wird zum Ausgangspunkt für eine Violinsonate über die Tonfolge f-a-e, zu der Schumanns Schüler Albert Dietrich den Kopfsatz, Schumann den zweiten und vierten Satz, Brahms das *Scherzo* beisteuerte. Joachim, zu dessen Ehren die Erstaufführung dieser Kollektivkomposition im Hause Schumann stattfindet, übernimmt den Violinpart; später wird er seinerseits eine Violinkomposition über die Tonfolge gis-e-(l)a komponieren – zu Ehren Gisela von Arnims, Tochter der legendären Bettina von Arnim.

Zumindest für Schumann bedeutet das Jonglieren mit Worten, aus deren Buchstaben sich Tonfolgen zusammensetzen lassen, ein geradezu lebenslanges Vergnügen. Manchmal betreibt er es beschaulich, etwa wenn er das ihm »musikalisch« dünkende Wort e-h-e vertont; manchmal eher scherzhaft, etwa wenn er einem Hamburger

Fräulein mit dem Namen Constanze Jacobi einen musikalischen Rebus aufschreibt, dessen Lösung lautet: »(L)ass das Fade, fass das Echde« (wobei für den Buchstaben s der Ton *es* einzusetzen und die Note d – großzügig oder im Sinne eines sächsischen Idioms – als t zu lesen ist. Blickt man jedoch auf die vielen Verschlüsselungen und Verrätselungen, mit denen Schumann seiner geliebten Clara nahe sein will, so ahnt man, ähnlich wie bei Brahms, etwas von der Einsamkeit und existenziellen Not, gegen die kleine magische Handlungen, wie sie fast jeder Liebende kennt, einen Damm errichten sollen.

Fast schon existenzielle Bedeutung bekommen entsprechende Verfahren bei den drei Vertretern der sogenannten *Zweiten* oder auch *Neuen Wiener Schule*: Arnold Schönberg, Alban Berg und Anton Webern. Von ihrer seriellen Kompositionstechnik gleichsam in den sprichwörtlichen Elfenbeinturm verbannt, jedenfalls ohne dauerhafte Publikumsresonanz, entwickeln sie auf dem Weg über Buchstabenspielereien geradezu einen kompositorischen Geheimcode. So lässt Berg sein fünftaktiges Motto im *Kammerkonzert für Klavier und Geige mit 13 Bläsern* mit einer Klavierlinie beginnen, die aus den Tonbuchstaben gebildet ist, die im Namen »Schönberg« vorkommen. In derselben Komposition ist Weberns Name in ein viertöniges Geigenmotiv eingeschrieben, Bergs eigener Name in ein Hornmotiv.

Schönberg und Webern waren außerdem von magischen Quadraten fasziniert; deren wohl bekanntestes Webern zu seinem Konzert op. 24 inspiriert hat:

```
S  A  T  O  R
A  R  E  P  O
T  E  N  E  T
O  P  E  R  A
R  O  T  A  S
```

Der Sinn der Worte von dem Sämann, der die Werke im Umlauf hält und vielleicht Arepo heißt, ist dunkel. Doch auf sie kommt es auch nicht an. Vielmehr bemüht Webern das magische Quadrat, um seinem Komponieren wenigstens vor sich selbst jeden Anschein von Willkür oder übertriebenem Individualismus zu nehmen. In den Tonordnungen, aus denen heraus er seine Werke schafft, soll sich ein Stück mystischen Weltsinns spiegeln; und was gleichwohl »subjektiv« klingt, soll durch verborgene »objektive« Ordnungen seine Legitimation erhalten.

Auch bei Dmitri Schostakowitsch ging es nicht ohne magisch-mystische Spielereien ab: Das Tonsymbol seiner Initialen, nämlich d-(e)s-c-h, brachte er vor allem in seiner faustischen zehnten Sinfonie mehrfach an; und dort gibt es auch ein Hornsignal, das mit dem Vornamen von Elmira Nasirowa spielt, seiner ehemaligen Studentin, die ihm damals 34 – offenbar nicht erwiderte – Briefe schreibt.

Von robusterer Art sind die Tonbuchstabenspiele, mit denen Max Reger seine Kritiker musikalisch auf die Hörner nimmt. In seiner Violinsonate op. 72 setzte er die Wörter *a-f-f-e* und *s-c-h-a-f* in Töne um und legte dies bereitwillig jedem offen, der es wissen wollte oder hören sollte.

Ernster wird es beim Thema »Musik und Kabbalistik«. Zwar kreist das alte jüdisch-christliche System der Kabbala keineswegs nur um Zahlenspekulationen, jedoch lebt es nicht zuletzt von der Vorstellung, dass in bestimmten Texten geheime Botschaften verschlüsselt sind, die sich mithilfe des Zahlenalphabets wieder entschlüsseln lassen. Da auch die Musik einen in Buchstaben darstellbaren »Text« darstellt, liegt es für den kabbalistisch Interessierten nahe, auch dort nach geheimen Botschaften zu suchen; und man kann sich eigentlich nur wundern, dass man damit erst verhältnismäßig spät, nämlich in der Mitte des 20. Jahrhunderts, angefangen hat – um nunmehr freilich auch in umgekehrter Blickrichtung zu forschen: Man fragte nicht nur, ob sich aus bestimmten Tonfolgen Zahlen errechnen lassen, hinter denen sich Botschaften verbergen könnten. Vielmehr zählte man auch die Notenzeichen und Takte eines Stückes, um auf Zahlen zu stoßen, die sich kabbalistisch deuten lassen.

Wieder einmal geht es mit Bach los – genauer: mit zwei gelehrten Bachianern, die mitten im Zweiten Weltkrieg über Bachs Zahlensymbolik spekulierten. Ich hätte hier gern die Postkarte im Faksimile abgedruckt, die der Magdeburger Chorleiter Martin Jansen seinem Freund, dem Berliner Theologen und Bibliothekar Friedrich Smend, am 8. Juni 1943 in die Zoppoter Straße 13 nach Berlin-Schmargendorf schickt. Zwar haben gerade die schweren Bombardements auf Berlin eingesetzt, doch die Post funktioniert noch. Und so kann Jansen auf diesem Wege vermelden, dass er die Anzahl der Takte im *Weihnachtsoratorium* mit 4204 errechnet und damit etwas anderes als Smend herausbekommen habe. »Vielleicht haben wir beide uns verzählt«, lautet sein Resümee, das man als Bach-Forscher nicht ohne gelinden Spott registriert: Schließlich sprechen wir hier von einem Komponisten, der Mühe hatte, zehn Zahlen aus dem Alltag zu addieren! (Das belegt ein Rechenvorgang, den Bach beiläufig auf einem Notenblatt vornahm.)

Die Frage, wie viele Takte das *Weihnachtsoratorium* nun tatsächlich zähle und ob sich aus der definitiven Zahl eine verborgene Botschaft herauslesen lasse, konnte damals nicht zu Ende diskutiert werden, da Jansen bei einem Bombenangriff auf Magdeburg tragisch ums Leben kam. Smend aber machte weiter. Als die Berliner seit dem Frühjahr 1947 wöchentlich und in gottesdienstlichem Rahmen eine Bach-Kantate zu hören bekamen, zeichnete er für die erläuternden Texte verantwortlich, die immerhin in einer Auflage von 8000 erschienen – nebenbei bemerkt ein Ausdruck dafür, was damals manch einem seine Bach-Kantate wert war, selbst wenn er im Winter mit eigenen Briketts anrücken musste, um den Kirchenraum einigermaßen warm zu bekommen. Es ist eine Zeit der

Neubesinnung und Sinnsuche; und deshalb ist es auch kein Zufall, dass Smend gerade damals mit den Entdeckungen, von denen er alsbald in seinen erläuternden Texten berichtet, auf offene Ohren stieß: Er wünschte, dass Bachs Musik nicht nur mit dem Gefühl, sondern in ihrer »objektiven« Ordnung und mit ihren verschlüsselten Botschaften wahrgenommen würde.

Manche seiner Erkenntnisse sind durchaus nicht neu. So wusste man seit Längerem, dass Bach auf Zahlen, die in dem von ihm vertonten Texten von Belang sind, gelegentlich in alter Tradition kompositorisch reagierte, also beispielsweise in dem bereits genannten Chor »Herr, bin ich's?« die Sänger elfmal einsetzen lässt: Zwölf Jünger sitzen am Tisch, Judas schweigt, bleiben also elf. Doch Smend will mehr; er versucht den Nachweis zu erbringen, dass Bach in seinen Kompositionen in kabbalistischer Tradition mit dem Zahlenalphabet spielte. Nun gibt es zu Bachs Zeit, die in der Tat eine gewisse Affinität zur Kabbalistik hat, verschiedene Zahlenalphabete. Eines setzt den Buchstaben *a* mit der Ziffer 1 gleich, *b* mit 2, und so fort, bis hin zu *z* gleich 24. Und hier setzt Smend an: *b-a-c-h*, das ergibt nach dieser Rechnung die Zahl 14! Und siehe: Bach war als Vierzehnter in die Mizlersche Societät eingetreten, eine musikwissenschaftliche Gelehrtenvereinigung, die für solche Zahlenspiele sicherlich offen gewesen sein dürfte.

Absicht oder Zufall? Man stünde diesen und anderen Funden mit wohlwollendem Interesse gegenüber, wenn es nicht inzwischen, fünfzig Jahre nach Smend, zu einem regelrechten Kult geworden wäre, Bachs Werke gematrisch zu untersuchen. So hat man, um ein besonders absurdes Beispiel zu nennen, eine bestimmte Phrase aus Bachs berühmter Violin-*Chaconne* in Zahlen umgerechnet, ist auf den Wert 712 gekommen und hat diesen mittels Zahlenalphabet mit den Worten des *Nicänischen Glaubensbekenntnisses* gleichgesetzt: »Et expecto resurrectionem mortuorum et vitam venturi saeculi – Amen«. Und weil es dort um die Auferstehung von den Toten geht, soll nunmehr kein Zweifel darüber möglich sein, dass Bach die *Chaconne* im Gedenken an seine verstorbene Frau Maria Barbara geschrieben hat.

Ein Kenner der Materie hat inzwischen ein Computerprogramm entwickelt, mit dessen Hilfe wir uns Kenntnis darüber verschaffen können, dass zum Beispiel – ich fabuliere – der Konfirmationsspruch von Bachs Großmutter, geboren am 19. März 1625, die Basis für Bachs Motette *Jesu, meine Freude* abgegeben hat. Während sich dieser Experte als Ironiker versteht, sehe ich selbst die Angelegenheit gelassen: Wer auf der Suche nach geheimen Sinnzusammenhängen die Musik Bachs, Mozarts oder Schumanns – die beiden Letzteren sind inzwischen auch im Visier – entdeckt, findet mich nicht als Wissenschaftler auf seiner Seite, hat jedoch meinen Segen. Es mag etwas Tröstliches an sich haben, Bibel, Bach und Großmutter in einem Universum allseits vernetzter Vorgänge vereint zu wissen; und dass alles mit allem zusammenhängt, ist gewiss kein abwegiger Gedanke. Mir selbst reicht allerdings die Musik; schon in den mir zugänglichen Dimensionen erscheint sie mir unergründlich.

27.
»Der Hut flog mir vom Kopfe, ich wendete mich nicht«
Musik und Politik

»DAS LIEBE HEIL'GE RÖM'SCHE REICH, wie hält's nur noch zusammen?«, lässt Goethe den Studenten Frosch in Auerbachs Keller anstimmen, worauf Brander unterbricht: »Ein garstig Lied! Pfui! ein politisch Lied!« Dabei geht es freilich nicht um die Tendenz des Liedes, sondern um die Sache selbst: In der Kneipe hat die Politik nichts zu suchen! Gehört sie in den Konzertsaal? Wir können uns die Antwort nicht aussuchen, denn die Komponisten geben sie vor. Wir können jedoch wählen, wie wir mit ihrer Musik umgehen – politisch oder unpolitisch.

Das zeigt exemplarisch Daniel François Esprit Aubers Oper Die Stumme von Portici, mit der die Geschichte der Grand Opéra 1828 glanzvoll einsetzt. Zwar bedient sich die Handlung, die den historisch überlieferten Aufstand neapolitanischer Fischer gegen die Steuerpolitik der spanischen Besatzungsmacht aufgreift, eines politischen Themas, rückt jedoch alle revolutionären Aktivitäten ins Zwielicht und endet bezeichnenderweise mit einer persönlichen Verzweiflungstat: Die stumme Fenella, Schwester des revolutionären Masaniello, stürzt sich nach dessen Ermordung durch die eigenen Genossen ins Meer.

Trotz dieser kolportagehaften Momente vermochte eine Brüsseler Aufführung im Jahr 1830 das Signal für die revolutionäre Loslösung Belgiens von den Niederlanden zu geben. Vor dem im Fiasko endenden Schlussakt stürmten die Besucher auf die Straße, um Barrikaden zu errichten und damit den Zynismus der Opernhandlung durch die persönliche politische Tat Lügen zu strafen.

Hundert Jahre früher wäre dergleichen noch nicht möglich gewesen: Da herrschte der Absolutismus, und was die Hofoper zeigte, war von jeder Publikumskritik abgeschirmt und ohnehin politisch korrekt. Das bedeutete, dass die in den Hauptrollen agierenden himmlischen oder irdischen Herrschaften eine Weltordnung zu garantieren hatten, in der es nur unter der Bedingung Intrigen geben durfte, dass sie das Prinzip einer guten Herrscherordnung trotz zwischenzeitlicher Irrung und Verwirrung letztlich nicht infrage stellten. Noch Mozarts vorletzte Oper La clemenza di Tito ist nach diesem Muster gebaut.

Dabei herrscht inzwischen in Frankreich die Revolution und damit die Tendenz, die feudale Oper durch Werke revolutionären und zugleich volkstümlicheren Charakters abzulösen. In diesem zeitgeschichtlichen Kontext wird im Jahr 1790 Étienne-Nicolas Méhul vom einen auf den anderen Tag durch seinen Opernerstling Euphrosine oder Der gebesserte Tyrann berühmt. Und es ist kein Wunder, dass der Tyrann Corradin aus seiner Oper alsbald als Don Pizarro in Beethovens Fidelio neu erstehen wird; denn Beethoven macht sich mit der aktuellen Revolutionsoper genau vertraut, ehe er an sein eigenes politisches Bekenntniswerk geht – eben den Fidelio. Dieser sympathisiert zwar nicht vordergründig mit der Revolution, ist jedoch unzweifelhaft als ein Hohes Lied der Freiheit gegenüber jedweder Art von Gewaltherrschaft zu verstehen. Noch Richard Wagner hat dies so gesehen, während die nachfolgenden Generationen vor allem das Motiv der Gattenliebe in den Blick nahmen und die Oper zunehmend unpolitisch verstanden. Das ging einem von den Nationalsozialisten ins Exil getriebenen Künstler wie Thomas Mann natürlich gewaltig gegen den Strich: »Welchen Stumpfsinn brauchte es, in Himmlers Deutschland den Fidelio zu hören, ohne das Gesicht mit den Händen zu bedecken und aus dem Saal zu stürzen!«

Der Nationalsozialismus favorisierte bekanntlich Richard Wagner. Vorrangig ging es dabei um die Inhalte seiner musikalischen

Dramen; Stoffe aus der nordischen Sage und der nationalen Geschichte suggerierten ebenso ideologische Übereinstimmung mit nationalsozialistischem Gedankengut wie der Heldenkult des *Rings* oder die Klage über »verdorbenes« Blut im *Parsifal*. Die Musik tat das Ihre dazu, denn sie hatte gemäß der Intention des Komponisten die Handlung »ans Gefühl« zu bringen; und das irrationale Moment dieser Gefühlssprache lud die Nationalsozialisten durchaus dazu ein, ihren eigenen makabren Fantasien nachzuspüren: Machtpolitik und Krieg fürs Grobe, die Kunst fürs Feine.

Falls man die *ganze* deutsche Geschichte zur Vorgeschichte des Nationalsozialismus macht, ist Wagner aus ihr nicht wegzudenken. Es hat jedoch keinen Sinn, ihn im Bereich der Musik zum Sündenbock schlechthin zu machen und dabei zu übersehen, dass der Universalismus seines Werks nur in einigen Segmenten mit nationalsozialistischer Ideologie zur Deckung zu bringen ist.

Allerdings zeigt das Beispiel Wagner auf das Deutlichste: Musik ist nicht nur die keusche Schöne, sondern auch ein allen dienstbarer Geist. Dementsprechend kann der jüdische Philosoph und Wagner-Verehrer George Steiner in einem Interview sagen: »Als Hitler aus der Oper [*Rienzi*] kam, bekannte er, angesichts der Chöre hätte er die Vision gehabt, wie man Massen führe. Herzl [Visionär eines zu gründenden Judenstaats] hingegen hat in seinem Tagebuch geschrieben, an jenem Abend hätte er verstanden, daß Jerusalem und der Zionismus möglich seien. Dieselbe Musik, dieselben Akkorde, dieselben Kontrapunkte!«

Gibt es Komponisten, die an ihre Opern mit einem konkreten politischen Vorverständnis herangegangen sind?

Mit gebührender Vorsicht darf man hier Beethoven nennen – und natürlich Wagner. Denn wie Letzterer selbst hervorgehoben hat, wäre der *Ring* niemals ohne die revolutionären Ereignisse von 1848/49 zustande gekommen. Sie haben im fertigen Werk zumindest insoweit ihren Niederschlag gefunden, als dort die menschliche Gier nach Macht und Pracht nicht nur als schicksalhaft dargestellt, sondern im Ansatz auch gesellschaftskritisch analysiert wird.

Einer, der im Laufe seines Lebens politisch hinzugelernt hat, ist Alban Berg. Bei Ausbruch des Ersten Weltkriegs gesteht er seinem Lehrer Schönberg in langen Briefen die Scham darüber, als wehruntüchtig eingestuft worden zu sein und nicht einmal über die Mittel zu verfügen, wenigstens eine Kriegsanleihe zu zeichnen. Nachdem er doch noch einberufen und vom Krieg bis zur seelischen Zerrüttung gebeutelt worden ist, tritt er in der Weimarer Republik zwar nicht unbedingt als Sozialrevolutionär in Erscheinung, schreibt aber mit Wozzeck eine Oper, die sich in größter Intensität der Leiden des geschundenen »kleinen Mannes« annimmt und ihren Autor alsbald zum Kulturbolschewisten stempelt.

Hanns Eisler, ein anderer Schönberg-Schüler, sieht demgegenüber seine Kunst ausdrücklich als politisch an; seine Bühnenmusik zu Brechts Lehrstück Die Mutter versteht er ebenso als Parteinahme für die Sache der russischen Revolution wie Kurt Weill seine gleichfalls auf einen Brecht-Text komponierte Schuloper Die Jasager. Auch die heute meist unpolitisch aufgefasste Dreigroschenoper von Brecht und Weill hatte während der Weimarer Republik, deren Kind sie ist, anklägerisch-politische Funktionen.

Beim Wechsel von der Oper ins sinfonische Fach begegnen wir als Erstem dem alten Haydn, und dies an unvermuteter Stelle: in der Militärsinfonie in G-Dur. Die stellt nämlich beileibe keine muntere Werbung für das Soldatenleben dar, wie Triangel, Becken und Trommel nahelegen könnten, sondern ein hochreflexives, vielfältig gebrochenes Stück, in dessen zweitem Satz während einer As-Dur-Episode geradewegs die Katastrophe ausbricht. Haydn mag die Sinfonie unter dem Eindruck aktueller politischer Ereignisse geschrieben haben, zu denen die Guillotinierung von Ludwig XVI. und Marie Antoinette gehörte. Jedenfalls ist der Abscheu vor Gewalttaten unüberhörbar und der Gestus des Heldischen gänzlich ausgespart.

Als einige Jahre später Beethoven die Bühne der Sinfonie betritt, kann man sich diesen Gestus des Heldischen wieder leisten; denn Napoleon, auf den Europa nunmehr hört, wird von vielen Gebildeten, so auch von Goethe, weniger als Revolutionär, politischer Gegner und Eroberer denn als Lichtbringer und Prometheus seiner Zeit wahrgenommen. In diesem Sinne kann er bei Beethoven zeitweilig zum Widmungsträger der Eroica aufsteigen.

Beethovens spätere Distanzierung von dieser Widmung, die nicht nur politische, sondern auch taktische Gründe gehabt haben dürfte, wird von dem Dirigenten Hans von Bülow am Ende des 19. Jahrhunderts grotesk zugespitzt. In einer seiner berühmt-berüchtigten Konzertansprachen dekretiert der »Bismarck-Anbeter«, wie er sich selbst nennt, die Umwidmung der Eroica an den Erzkanzler als den »Bruder Beethovens«. Während Beethoven mit den »drei Worten des Wahns: liberté, égalité und fraternité« Schiffbruch erlitten habe, imponiere Bismarck nunmehr mit der »positiven Devise: Infanterie, Cavallerie und Artillerie«! Es ehrt das Berliner Publikum von 1892, dass es auf diesen Durchmarsch ins Militaristische überwiegend empört reagierte, während die Hamburger Hörer vier Tage später brav in die neue Bismarck-Strophe einstimmten, die Bülow passend zum Finalthema der Eroica gedichtet und zum gemeinsamen Absingen präpariert hatte: »Bis in des Herzens Mark/fortan gegen jeden Feind/gewappnet stark/hast DU uns geeint.«

Da freut sich der Chronist, dass es aus der Musikgeschichte auch Subversives zu melden gibt. Klein, aber fein beginnt es bei den sogenannten Arnstädter Chorälen des jungen Bach: Nachdem dieser von seinem Dienstvorgesetzten dafür gerügt worden ist, dass er die Gemeinde durch das Einmischen »vieler frembder Töne« durcheinanderbringe und außerdem viel zu lang orgele, weiß der Schüler Rambach zu petzen, Bach sei nun »gleich auf das andere extremum gefallen und hätte es zu kurtz gemachet«.

Sind das zwar für die damalige Zeit recht ungewöhnliche, aber doch eher persönliche Rangeleien mit der Obrigkeit, so wird Franz Schubert in der *Winterreise* schon fast politisch: Indem er in dem Lied *Der Lindenbaum* die Zeilen »Die kalten Winde bliesen mir grad' ins Angesicht, der Hut flog mir vom Kopfe, ich wendete mich nicht« vertont, erweist er sich nicht als der weltfremde Romantiker, für den ihn viele noch heute halten. Vielmehr leistet er sich eine chiffrierte Trotzreaktion angesichts der damaligen Demagogenverfolgungen, die besonders seinen Freund Senn hart treffen; dieser wird im Beisein Schuberts arretiert, der laut Polizeiprotokoll gemeinsam mit Freund Bruchmann »gegen den amtshandelnden Beamten mit Verbalinjurien und Beschimpfungen« losgeht.

Der Schlussakkord sei mit Schostakowitschs satirischer Kantate *Rajok* aus dem Jahr 1957 gesetzt. Während kaum endgültig zu entscheiden sein wird, ob aus seinen Sinfonien gelegentlich ein subversives Aufbegehren gegenüber dem stalinistischen System herauszuhören ist, liegt *dieser* Fall klar: Der Komponist rächt sich für seine – unfassbar törichte – Verurteilung als »Formalist«, indem er einschlägige Reden Stalins und seiner Vasallen Schdanow und Schepilow ins Lächerliche zieht. Das rasch geschmiedete Eisen ist freilich selbst nach dem Tod Stalins noch so heiß, dass eine öffentliche Aufführung des *Rajok* erst in der Ära Gorbatschow möglich wird – veranstaltet von Schostakowitschs Freund Mstislaw Rostropowitsch.

28.
»Ich kann nicht oft genug davor warnen, diese Analysen zu überschätzen«
Schreiben über Musik

AM 5. NOVEMBER 1667 findet in der Pariser *Académie Royale de la Peinture* ein Kunstgespräch über Nicolas Poussins Altarbild *Mannalese* statt. Zunächst wird das schon damals hochgeschätzte, heute im Louvre ausgestellte Gemälde von Monsieur Le Brun gründlich analysiert: Der Hauptberichterstatter behandelt erstens das Sujet und die allgemeine Disposition der Komposition, zweitens Dessin und Proportionen der Figuren, drittens die ausgedrückten Affekte und viertens die Perspektive der Ebenen und die Harmonie der Farben.

Anschließend diskutiert man vor allem über das Verfahren des Malers, den biblischen Bericht auf drei Episoden zusammenzuziehen, die sich eine nach der anderen wie ein Text lesen lassen: das Elend des Volkes während seiner Wüstenwanderung, das Sammeln des vom Himmel gefallenen Manna sowie die anschließenden Dankes- und Freudenbekundungen.

Ein Musikhistoriker muss angesichts eines solchen Kunstgesprächs vor Neid erblassen, denn in der Musikgeschichte des 17. Jahrhunderts gibt es keinen vergleichbaren Kunstdiskurs. Zwar schreibt ein gelehrter Komponist wie Heinrich Schütz Werke, die es an tiefsinniger Deutung der biblischen Textvorlage durchaus mit der Malerei eines Poussin aufnehmen können; und in unserer 12. Variation ist dafür ein originelles Beispiel zu finden. Mit anderen Worten: Die bis in die Antike zurückreichende Forderung, dass Kunst vor allem »aptus«, also ihrem Gegenstand angemessen sein müsse, galt für die musikalische Komposition nicht weniger als für die Malerei.

Gewaltige Unterschiede gibt es jedoch beim Sprechen und Schreiben *über* die Werke – und das hat seinen Grund: Zum einen bietet ein Gemälde mehr konkretes Anschauungsmaterial als ein Musikstück, und zum anderen ist die Fachsprache der bildenden Künste weniger speziell als die der Musik.

Das ist heute so, und das war schon im 17. Jahrhundert so, als vor allem die Theologen das große Wort führten, wenn es darum ging, die Angemessenheit einer Komposition zu beurteilen. Was da in gelehrten lateinischen Schriften und von den Kanzeln herab verlautbart wurde, war weniger konstruktive Kritik als heftige Klage über das lasziv-unehrfürchtige Wesen »modischer« Kirchenmusik, die der Pfarrer nicht selten als Konkurrenz zu seiner Predigt empfand.

Die Komponisten selbst schwiegen dazu meist still und diskutierten stattdessen unter Ausschluss der Öffentlichkeit, inwieweit in einer Musik, die sich auf der Höhe der Zeit bewegte, die tradierten Regeln von Kontrapunkt und Harmonik erweitert oder gar außer Kraft gesetzt werden dürften.

Bis heute ist die Musikkritik im Vergleich zur Kunstkritik unterentwickelt, was sich übrigens bis hin zu den »Endabnehmern« verfolgen lässt: den Museumsbesuchern auf der einen und den Opern- oder Konzertliebhabern auf der anderen Seite. Kein Kunstfreund würde zu äußern wagen, dass er zu Rembrandts *Nachtwache* nichts, aber auch gar nichts zu sagen wisse. In einer Konzert- oder Opernpause darf jedoch jeder fröhlich bekennen, dass man über das Stück an sich keine Meinung habe; denn immerhin gibt es ja noch genug über die »zauberhafte« oder »missglückte« Regie und über die aktuellen Stärken und Schwächen von Primadonnen und Pianisten zu sagen. Viele professionelle Musikkritiker machen es freilich nicht besser: Während man anlässlich einer Kunstausstellung über die Bilder berichtet, interessieren an einer Opernpremiere vor allem Sänger und Regiekonzept.

Wenngleich das alles mit einem Kulturbetrieb zusammenhängt, der sich bis auf Weiteres nicht verändern lässt, schreibe ich unbeirrt dagegen an – und dies in der Überzeugung, dass mehr von Musik hat, wer sie nicht nur selbst macht oder hört, sondern sich mit ihr auch gedanklich auseinandersetzt. Die Musik verdient dies; und wir bekommen auf diesem Weg die Chance, uns über uns selbst klarer zu werden. Die Art unseres Umgangs mit Musik ist geradezu ein Indikator dafür, wie es um uns bestellt ist. Dass Musik – von Kant bis Adorno – als »begrifflose Erkenntnis« je nach Gusto gering geschätzt oder gepriesen wird, schließt nicht aus, dass ein Hörer sie *für sich* auf den Begriff bekommen will. Wir bringen ja unser halbes Leben damit zu, die Vielfalt unserer Selbst- und Welterfahrungen zu einem sinnvollen Mosaik zusammenzusetzen; und es kann uns Genuss bereiten, die eigenen Erfahrungen mit Musik als kleine Steinchen in dieses Gesamtmosaik nicht nur einzufügen, sondern diese Steinchen auch aussagekräftig zu benennen und sich damit auch intellektuell zu eigen zu machen.

In seinem 1997 erschienenen Essay *Über das Kunstgespräch* beschreibt der französische Kunsthistoriker Louis Marin eine lebensgeschichtlich bedeutsame Wiederbegegnung mit dem Mittelmeer: »trockener und heißer Pinienwald, ockerfarbene und rote Felsen und eine leichte Brise«. Sein Glück ist jedoch erst vollkommen, als er einen spezifischen Duft des Meeres, den er längst vergessen hatte, am nächsten Tag mit einem bestimmten Eigenschaftswort zu benennen vermag. Mit diesem Adjektiv, dessen Wortlaut hier nichts zur Sache tut, meint er etwas Bleibendes geschaffen zu haben: ein »winziges Kunstwerk«, in dem körperlicher und sprachlicher Genuss zusammengebracht sind. Indem er sie benennt, überführt Louis Marin mystische Erfahrung in Kunsterfahrung. In vergleichbarer Weise ist für mich Reden und Schreiben über Musik Arbeit am Mythos, den Musik darstellt, und dies in einem doppelten Sinn: Zum einen gibt es die Angst, vom Mythos überwältigt zu werden; dagegen hilft die rationale Beschäftigung mit ihm. Zum anderen möchte man den schwindenden Mythos festhalten. Und jeweils geht es darum, den Mythos zu bannen – konkret: in Worte zu bannen. Dafür haben wir seit den Tagen der Frühromantik große Vorbilder: Wilhelm Heinrich Wackenroder, E. T. A. Hoffmann, Robert Schumann, Friedrich Nietzsche, Thomas Mann, Hermann Hesse, Ernst Bloch, Theodor W. Adorno, Roland Barthes. Noch in neuester Literatur trifft man immer wieder auf erstaunlich treffende Äußerungen zur Musik, etwa bei Ingeborg Bachmann, Peter Härtling, Martin Walser oder Hanns-Josef Ortheil. So unterschiedlich deren musikalische Kenntnisse und Fertigkeiten sein mögen, eines verbindet sie: Sie schreiben aus Liebe zur Musik.

Fachleute behaupten gern, man müsse den subjektiven Faktor Liebe aus der rationalen Argumentation heraushalten; umgekehrt behaupten viele Musikliebhaber, sie verstünden zu wenig von der Sache, um über Musik reden zu können. So kommen beide nicht zusammen, obwohl die Liebe zur Musik sie doch verbinden müsste. Jedoch sei den Musikliebhabern gesagt: Man muss keine großen Fachkenntnisse haben, um Musik zu verstehen. Felix Mendelssohn Bartholdy hat seinem Vater einmal voller Bewunderung geschrieben: »Ich kann es oft gar nicht begreifen, wie es möglich ist, über Musik ein so genaues Urteil zu haben, ohne technisch musikalisch zu sein!« Den meisten Komponisten waren Hörer wie Mendelssohns Vater gerade recht. Arnold Schönberg hegte sogar die Befürchtung, zu viel Wissen könne den Zugang zum Eigentlichen erschweren, und schrieb daher seinem Schwager Rudolf Kolisch ins Stammbuch: »Die Reihe meines Streichquartetts hat Du richtig (bis auf eine Kleinigkeit) herausgefunden. Das muss eine sehr große Mühe gewesen sein, und ich glaube nicht, dass ich die Geduld dazu aufbrächte. (…) Die ästhetischen Qualitäten erschließen sich von daher nicht, oder höchstens nebenbei. Ich kann nicht oft genug davor warnen, diese Analysen zu überschätzen.«

Doch nun die andere Seite: Sowenig man Musikliebhaber dazu zwingen will und kann, ganze musikalische Systeme zu begreifen, so viel kann man zur Erweiterung ihres Verstehenshorizonts beitragen, indem man ihnen einzelne Dinge erklärt. Carl Philipp Emanuel Bach, der seinen Zeitgenossen nicht nur die eigene Musik glänzend zu verkaufen wusste, sondern auch genaue Vorstellungen davon hatte, wie gebildet sein Publikum sein sollte, dachte in dieser Hinsicht pragmatisch. Das »Analysieren« im strengen Sinne wollte er wenigen Kennern vorbehalten wissen; nicht einmal ausübende Musiker sollten seine Tricks kennen – vermutlich fürchtete er Plagiat und Konkurrenz. Nein, Musikliebhaber müsse man vor allem an »wahrhaftigen Meisterstücken« schulen, ihnen also »das Schöne, das Gewagte, das Neue darin« zeigen und darlegen, »wie unbedeutend das Stück sein würde, wenn dieses alles nicht wäre«.

Ein solches Konzept erscheint noch heute, mehr als zweihundert Jahre nachdem es der Bach-Sohn empfahl, praktikabel. Es mutet den Laien weder zu viel Musiktheorie zu, noch lässt es ihnen die Illusion, über das Eigentliche der Musik ließe sich auch ohne Gespür für spezifisch kompositorische Sachverhalte kompetent sprechen. Allerdings ersetzt der Blick für originelle Details nicht das Gespür für den Gesamtzusammenhang eines Werks. Doch der ist den Kennern oftmals nicht weniger unbegreiflich als den bloßen Liebhabern.

Es mag Musik geben, die auf Reden und Schreiben nicht angewiesen ist. Was wir im weitesten Sinne »klassische« Musik nennen, zählt freilich nicht dazu, im Gegenteil: Spätestens seit Beethoven scheint sie den verbalen Diskurs geradezu herauszufordern. Letzte Wahrheiten wird freilich auch der klügste Dialog nicht zutage fördern. Denn nach dem schönen Wort Robert Musils ist Wahrheit »kein Kristall, den man in die Tasche steckt, sondern eine unendliche Flüssigkeit, in die man hineinfällt« – wie in die Musik.

29.
»Der Tod könnte ausgedrückt werden durch eine Pause«
Die Generalpause

BEIM SPRECHEN ÜBER DAS EIGENE METIER hat sich der Autor derart engagiert, dass er sich eine Pause wünschte. Also geht es weiter – mit der Pause. Und wer schon davon gehört hat, dass die Komponisten »tacet« in ihre Noten schreiben, wenn eine Stimme über eine längere Strecke pausiert, wird auch den folgenden Witz aus dem kaiserlichen Berlin verstehen: Majestät wird vom Musikregiment begrüßt, prüft Lage und fragt Adjutant: »Der Lange da an der großen Pauke, warum haut der nicht druff?« – »Das Stück heißt *Ruhe nach dem Zapfenstreich*, Majestät, da hat der Mann tacet«. – »Watt heißt hier Tacet! Entweder der Kerl simuliert, oder er jehört aufs Revier!«

Im Mittelpunkt dieser Variation steht allerdings nicht das »tacet« einer Stimme wie in dieser Anekdote, sondern die Generalpause, also jener Moment, in dem das ganze Ensemble schweigt. In der musikalischen Rhetorik der alten Musiktheoretiker hieß das *Aposiopesis*, also »Abbruch«, und war dramatischen Situationen vorbehalten – etwa dem Eintritt des Todes. So verordnete Heinrich Schütz in den *Sieben Worten Jesu am Kreuz* dem Chor nach dem Satz »und gab seinen Geist auf« eine Generalpause; und Beethoven notierte in seinen Aufzeichnungen zur *Egmont*-Ouvertüre: »Der Tod könnte ausgedrückt werden durch eine Pause.« Daran knüpft Brahms, obwohl er recht selten von Generalpausen Gebrauch macht, im *Deutschen Requiem* an: Nachdem Solobass und Chor darüber meditiert haben, dass der Mensch »davon muss«, bäumt sich das Orchester ein letztes Mal auf und klingt dann doch im Pianissimo aus; danach die Generalpause und ein letztes Pizzicato: »Das war's«, hieße das heute salopp. Wenn in Bruckners Achter Sinfonie am Ende des ersten Satzes (entsprechend seinem eigenen Hinweis) die »Totenuhr« tickt, ist der Vorgang ähnlich wie bei Brahms: Aufbäumen im Fortissimo – Generalpause – Totenuhr im Pianissimo.

Man mag in diesen Fällen von der definitiven Pause sprechen und ihr die illustrative Pause an die Seite stellen, wie sie Bach in der Motette Jesu, meine Freude zu den Worten »Es ist nun nichts Verdammliches an denen, die in Christo Jesu sind« anbringt. Da sich aus der lehrhaften Epistel nur wenig Funken schlagen lassen, entzündet sich die Fantasie des Komponisten an dem Wörtchen »nichts«. Bach lässt es – unterbrochen jeweils von Pausen – zweimal wiederholen, um ganz deutlich zu machen, dass wirklich alles, was sich dem Christen in den Weg stellen könnte, ein Nichts ist.

Sparsamer Gebrauch ist tunlichst von der dramatischen Pause zu machen, weil sich der entsprechende Effekt rasch abnutzt. So gibt es in Schuberts Winterreise nur eine wirkliche Generalpause, und zwar in der Post-Szene: »Was hat es, dass es so hoch aufspringt, mein Herz?«, fragt sich der Wanderer hoffnungsfroh beim Klang des Posthorns. Doch dann bricht die Klavierbegleitung jäh ab, und die Musik steht einen Takt lang vollkommen still, ehe der Sänger stockend mit der bitteren Einsicht fortfährt: »Die Post bringt keinen Brief für dich, was drängst du denn so wunderlich, mein Herz?«

In den meisten Oratorien und Sinfonien des 19. Jahrhunderts geht es nicht so subtil zu. Da rechnet man mit Kirchen oder anderen großen Räumen, in denen sich während der Generalpause das Echo des zuvor Erklungenen an den Wänden bricht und den Hörern Schauer über die Rücken jagt. In diesem Sinne macht Bruckner im Tedeum und natürlich vor allem in den Sinfonien von der Generalpause Gebrauch, allerdings so ausufernd, dass man seine Musik stereotyp genannt und ihn selbst der Unfähigkeit bezichtigt hat, geschmeidige Überleitungen zu komponieren.

Doch Bruckner kommt von der Orgel her, wo man mithilfe der dramatischen Pause übergangslos vom lauten auf das leise Manual überwechselt. Außerdem treibt er mit seinen Generalpausen regelrechten Kult – womit wir bei der *rituellen* Pause angelangt wären, die niemand besser als der Komponist des *Parsifal* beherrschte. Wagners »Bühnenweihfestspiel« wirkt streckenweise wie die Simulation eines Kultus, dessen Teilstücke wie in einer Messe ohne Eile aneinandergefügt werden. Tatsächlich hat sich Wagner zur Vorbereitung auf den *Parsifal* beim Münchner Pater Petrus Hamp so gründlich über den »szenischen Aufbau der Messe« informiert, dass er diesen Ablauf mühelos in sein Bühnenwerk übernehmen konnte. »Nachdem alle ihre Stühle eingenommen haben, und ein allgemeiner Stillstand eingetreten ist«, so lautet die Regiebemerkung gegen Ende des ersten Aufzugs, »vernimmt man vom tiefsten Hintergrunde her aus einer gewölbten Nische hinter dem Ruhebette des Amfortas die Stimme des alten Titurel wie aus einem Grabe heraufdringend.« Darauf die Generalpause, danach die Frage Titurels: »Mein Sohn, Amfortas, bist du am Amt?« Es folgt eine numinose Äußerung der Pauke und wiederum »langes Schweigen«.

Schon im Vorspiel hatte Wagner, wie Cosima in ihrem Tagebuch berichtet, die Themen »wie der Prediger seine Stellen aus der Bibel« aneinanderreihen wollen. Dementsprechend gibt es zwischen der Präsentation von Abendmahls-, Grals- und Glaubens-Motiv mehrfach bedeutungsschwangere Generalpausen, die bereits vorab auf nonverbaler Ebene signalisieren, dass im *Parsifal* das Zeitkontinuum aufgehoben ist und der »Geist« geradezu aus den Pausen spricht. Ähnliches gibt es auch schon im *Ring*, etwa während der »sehr feierlich und gemessen« sich vollziehenden Begegnung zwischen Siegmund und Brünnhilde in der *Walküre*. Im *Parsifal* geht Wagner jedoch einen Schritt weiter, indem er die psychologisch ausgerichtete Sichtweise mystisch überhöht: Es geht nun nicht mehr um Momente intensiven Schweigens in der Kommunikation zweier Personen, sondern um die Stille, die sich mit der Erfahrung des Göttlichen verbindet.

Will die rituelle Pause zur innerlichen Sammlung beitragen, so baut die *verstörende* Pause auf die Schockwirkung: Gezielt reißt sie den Hörer aus seiner Sicherheit, lässt ihn gelegentlich geradezu in Abgründe blicken. Ihr Meister ist Franz Schubert, vor allem dort, wo die Verstörung so früh einsetzt, dass das traditionelle idealistische Formkonzept – Aufbau von Spannung, Krisis, Lösung – grundsätzlich unterlaufen wird. Von entsprechenden Erfahrungen ist bereits in der 9. Variation über Musik als Körpersprache die Rede gewesen: In der *Unvollendeten* kündigt die Generalpause das Unheil an, bevor überhaupt das zweite Thema sich hat aussingen können. Noch rascher kommt der Komponist in der späten Klaviersonate in B-Dur (op. posth.) auf den Punkt. Das Werk beginnt mit einem weit ausschwingenden, typisch »schubertisch« singenden Thema, das freilich schon mit dem siebten Takt zum Stillstand kommt, im achten Takt zwar noch nachklingt, jedoch von einem drohenden Bastriller überdeckt wird, der im neunten Takt einer lang ausgehaltenen Pause mit zusätzlicher Fermate weicht. Da scheint die Musik schon wieder aufzuhören, ehe sie richtig begonnen hat. Natürlich geht sie dann doch weiter; indessen wird der Hörer weder den Triller noch die anschließende Pause wieder los, und beide zusammen stehen für ein Geheimnis, das im weiteren Verlauf des Satzes ohne weitere Erklärung präsent bleibt.

Nicht weniger verstörend, jedoch alles andere als erhaben sind die Generalpausen im Finale von Beethovens *Achter Sinfonie*. Wie bereits erwähnt, ist das ganze Werk ein sarkastischer Abgesang auf das idealistische Pathos der vorangegangenen Sinfonien, der letzte Satz geradezu eine Verhöhnung der guten musikalischen Sitten. Stereotyp wiederholt Beethoven ein aus dem Hauptthema gewonnenes rhythmisches Kurzmotiv, um es dem Hörer wie eine Grobheit an den Kopf zu werfen. Unverzichtbar sind dabei die Generalpausen, die dem Kurzmotiv stereotyp vorausgehen bzw. nachfolgen und die dadurch – einzigartig in der Musikgeschichte – geradezu »thematisch« werden: Sie sind fast doppelt so lang wie das Motiv selbst und verstärken dadurch die Absurdität der Szenerie.

Wenn es zum guten Schluss um die *humorvolle* Generalpause geht, darf Joseph Haydn nicht fehlen. Eines seiner hübschesten Kabinettstückchen ist das Ende des Es-Dur-Streichquartetts op. 33,2. Regulär müsste das Finalrondo mit den Takten 141 bis 148 schließen, denn dort kommt der Komponist so schulmäßig auf den Anfang zurück, dass man schon zum Beifall ansetzen will. Doch wider Erwarten fügt Haydn eine pathetische *Adagio*-Kadenz an, der dann aber keine neue Entwicklung folgt; vielmehr foppt er das Publikum, indem er mit Fragmenten des *Rondo*-Themas spielt, dieses Spiel jedoch viermal durch Generalpausen unterbricht. Deren mechanische Handhabung macht aller Geschmeidigkeit, die das Quartett bis dahin ausgezeichnet hat, den Garaus. Die Selbstdemontage, die Beethoven in seiner *Achten* mit jenem Humor vorführt, den ein Außenstehender mit tierischem Ernst verwechseln könnte, bleibt bei seinem Lehrer Haydn vergnügliches Spiel.

Doch selbst der unnachahmliche Haydn vermag nicht ganz den Eindruck zu verwischen, dass der »deutschen« Generalpause generell etwas Angestrengtes anhaftet. Dass es auch anders gehen kann, zeigt Claude Debussy im *Prélude à l'après-midi d'un faune*. Kaum hat sich dieser mit ein paar Tönen auf seiner Flöte zu Wort gemeldet, schreibt der Komponist schon eine Generalpause vor. Doch sie unterbricht nicht, sondern richtet die Wahrnehmung auf »das andere«, auf die Stille der Landschaft und das ängstliche Lauschen der Nymphen, die wieder einmal vor der faunischen Lüsternheit werden flüchten müssen …

30.
»Mit oder ohne Beckenschlag?«
Ein Lob der Reprise

MAN HAT EINE BEGEGNUNG IM CAFÉ, vielleicht zufällig, vielleicht verabredet, jedenfalls anregend. Der Gesprächspartner verabschiedet sich, während man selbst zurückbleibt und in Gedanken schon beim nächsten Termin ist. Doch dann, unwillkürlich, wendet man den Kopf zum Fenster und sieht die Person, der man gegenübergesessen hat, die Straße entlangschreiten. Man erschrickt leicht, möchte selbst hinter der Scheibe nicht gesehen werden, genießt aber den Nachgeschmack von dem, was vorhin gewesen ist: kurze Reprise.

Die Wurzeln der Reprise liegen in der Da-capo-Form, wie sie sich in Tänzen, Liedern, Arien findet: Einem Devisenteil wird ein kontrastierender Mittelteil gegenübergestellt, danach wiederholt sich der erste. Das ist eine stabile, architektonisch wie psychologisch sinnfällige Form. Und wenn, wie man es aus der barocken Oper kennt, der Sänger in der Wiederholung des Devisenteils noch größere Virtuosität an den Tag legt, kennt der Jubel keine Grenzen.

Die Reprise, die man vor allem aus den Instrumentalsätzen der Wiener Klassik kennt, hat demgegenüber mehr Witz und Poesie. Tongetreue Wiederholungen sind dort so selten, dass es für Musiklehrer schon fast ein Geschenk ist, in Beethovens erster veröffentlichter Klaviersonate (in f-Moll op. 2, 1) eine solche zu finden; denn wie sollten sie sonst an ihre Abituraufgabe zum Thema »Der klassische Sonatensatz« kommen! Doch schon das Schwesterwerk, die Sonate in C-Dur op. 2, 3, wartet mit einer Überraschung auf: Was sich dort an die Durchführung anschließt, beginnt zwar wie eine schulmäßige Wiederholung des Anfangs, wird danach aber selbst für einen Beethoven-Kenner wie Carl Dahlhaus zum »formtheoretischen Rätselbild«. Da wird das zuvor Dargebotene weder wiederholt noch zusammengefasst, sondern noch einmal ganz anders wahrgenommen; heterogene und bis dahin verstreut exponierte Motive tauchen in überraschender Kombination und auffällig chromatischer Färbung auf. Der Komponist scheint kurz vor Schluss demonstrieren zu wollen, was sonst alles noch möglich gewesen wäre, dann aber doch unterbleiben musste. Um zum Anfangsbild zurückzukehren: Im Café sitzend, sieht man den Gesprächspartner noch einmal die Straße hinaufgehen und lässt diesmal nicht nur an sich vorüberziehen, was gewesen ist, sondern denkt auch darüber nach, was alles ungesagt – vielleicht auch ungeschehen – geblieben ist.

Nicht weniger reflektiert als Beethoven, jedoch viel sinnlicher bestimmt Schubert das Verhältnis von Durchführung und Reprise in der schon erwähnten Klaviersonate in B-Dur. Die Durchführung enthält einen jener zauberischen harmonischen Gänge, die uns in die Ferne von *eses*-Moll führen. Das in Noten nachzuvollziehen, will der Komponist weder sich selbst noch dem Spieler zumuten; deshalb macht er aus dem *eses*-Moll kurzerhand ein d-Moll und aus dem nachfolgenden *Ceses*-Dur ein B-Dur, sodass er bei Reprisenbeginn zielgerecht mit der Grundtonart zur Stelle ist. Der Hörer, der in Schuberts harmonischem Labyrinth notwendigerweise den Faden verlieren musste, erlebt bei diesem Repriseneinsatz ein wundervoll ambivalentes Gefühl, jedoch ohne zu wissen, warum. Indem er sich nun wieder an jener Stelle befindet, von der er aufgebrochen ist, fühlt er sich einerseits gut und sicher geführt, andererseits blickt er ungläubig auf Abgründe zurück, die er überquert hat. Das Erlebnis der Reprise ist hier dem vergleichbar, was Søren Kierkegaard in seinem gleichnamigen Essay unter »Wiederholung« im emphatischen Sinn versteht; Versöhnung mit dem Unverstandenen.

In einer Sinfonie müssen die Abläufe mit Rücksicht auf das breite Publikum durchschaubarer, die Formen stabiler sein als in der intimen Klaviersonate. Dies beobachtend, zeigt sich Theodor W. Adorno ein wenig irritiert davon, dass selbst beim großen Beethoven gelegentlich »der affirmative Gestus der Reprise die Gewalt des repressiv Niederschmetternden, des Autoritären ›So ist es‹« annehme: Darf ER überhaupt noch Reprisen schreiben, nachdem Arnold Schönberg zur permanenten Durchführung – »entwickelnde Variation« genannt – übergegangen ist?

Spott beiseite: Adornos Besorgnis ist allein deshalb unbegründet, weil Beethoven auch in seinen Sinfonien höchst reflektiert vorgeht. In seiner *Fünften*, deren Kopfsatz in der Tat affirmative Züge trägt, ist das »repressiv Niederschmetternde« der Reprise Bestandteil eines durchdachten Gesamtkonzepts; dort darf allein das kleine Oboensolo, das vor dem Einsetzen dieser Reprise erklingt, dem gequälten Individuum Stimme und den Hörern eine Ahnung von möglichem Trost geben. Erst im Triumph des Finales löst sich die Anspannung: Dort hört man Klänge und musikalische Idiome, in denen die Festmusik der Französischen Revolution nachhallt.

Ein anderer, auch von Adorno hochbewunderter Übergang von der Durchführung zur Reprise findet sich im ersten Satz von Beethovens *Neunter*. Unvermutet erklingt hier das an die Urwelt gemahnende Hauptthema nicht mehr in heroischem Moll, sondern mit einer Durterz – als bahne sich nun endlich der Durchbruch zu Höherem, Lichterem an. Indessen erscheint die Durterz als Basis eines instabilen Sextakkords und changiert außerdem mit der Mollterz. Es ist, als ob ein sturmgepeitschter Himmel aufreißen wolle und dann doch nicht aufrisse. Zwar liefert Beethoven den Durchbruch im Finale nach; doch auch dort wird es das Orchester allein nicht schaffen: Schillers Hymnus »An die Freude« und ein Heer von Sängern müssen in seiner letzten Sinfonie mithelfen.

Mit größerer Selbstverständlichkeit inszeniert Anton Bruckner seine Durchbrüche; und stets bietet ihm vor allem die Reprise die Plattform dafür, dass sich das Hauptthema in ultimativer Aufgipfelung präsentieren kann. Der wohl markanteste Höhepunkt befindet sich im *Adagio* der *Siebten Sinfonie*, in dem der Komponist des von ihm bewunderten Richard Wagners gedenkt und deshalb auch auf den feierlichen Klang der Wagner-Tuben zurückgreift. Die Reprise dieses wohl berühmtesten aller Bruckner-Sätze scheint einzig dem Zweck zu dienen, dem gerade verstorbenen Idol das Eingangsthema nach einer gewaltigen Steigerung feierlich zu Füßen zu legen. Ob die Wirkung dieser Hommage durch einen Beckenschlag verstärkt werden darf oder ob Bruckner diesen Beckenschlag später wieder für ungültig erklärt hat, ist unter Experten umstritten – jedoch nicht belanglos: Denn letztlich geht es um die Frage, wie viel Pomp sich der Komponist bei den priesterlichen Akten, die seine Sinfonien tendenziell darstellen, genehmigen darf.

In diesem Zusammenhang ein Postskriptum aus der eigenen Erinnerung: Im Programmheft der Kieler Sinfoniekonzerte, für die ich als Student schrieb, hatte ich mich auf Bitten des Dirigenten für den Beckenschlag in Bruckners *Siebter* starkgemacht. Dieser wurde dann auch in den Proben vom Schlagzeuger mit großem Vergnügen ausgeführt. Als jedoch kurz vor der Generalprobe ein Ersatzdirigent einspringen musste, klopfte dieser an der entsprechenden Stelle prompt ab, um sich den Beckenschlag mit angewiderter Miene zu verbitten. Dem darob murrenden Schlagzeuger empfahl er spöttisch, seinen Beckenschlag »hinterher« nachzuliefern. Und wirklich: In den Schlussapplaus des Konzerts hinein holte unser Schlagzeuger mit verstohlener Billigung der Kollegen zum großen Beckenschlag aus – ein seltener Akt von Insubordination, den sich der Musiker nur leisten konnte, weil er kurz vor der Pensionierung stand.

31.
»Ertrinken, Versinken...«
Vom Inszenieren des Abschieds

NEIN – nicht gleich zu den sentimentalen Abschieden, die wir aus der Oper kennen! Wenigstens ein kurzer Blick soll einem wahrhaft klassischen, geradezu philosophischen Abschied gelten: Beethovens Klaviersonate *Les Adieux*. Sie beginnt mit einer »Hornquinte«, die dem Ruf nachempfunden ist, mit dem der Postillon zum Aufbruch mahnt:

Doch das ist keine Tonmalerei, vielmehr ein Anklopfen an der Tür der seelischen Kammer, in welcher der »Abschied« zu Hause ist. Und aus dem Anklopfen wird dann im Laufe des ersten Satzes ein wohlgeordneter musikalischer Essay über den Abschied, in dem es einerseits um Trauer, Widerstand, Einsamkeit und Sehnsucht, andererseits um Entschlusskraft und Aufbruchsfreude geht. »Trennung muss sein und darf sein« könnte das Schlussresümee lauten.

Weniger vielschichtig, doch umso prächtiger sind die Abschiede in der großen Oper. Der Zuschauer fühlt sich als Gast – sagen wir – einer schönen Beerdigung, bis zu Tränen gerührt, doch gottlob nicht ernstlich betroffen. Natürlich sind es vor allem die Liebenden, die im Finale Abschied nehmen: Onegin verzichtet auf Tatjana, Violetta verabschiedet sich von Alfred und Aida von Radames. Doch es gibt auch eine Gilda, die sterbend ihrem Vater Rigoletto in die Augen blickt, und Madame Butterfly, die zum letzten Mal ihr Söhnchen küsst, bevor sie sich ins Schwert stürzt.

Doch sprechen wir über den Abschied aller Abschiede im dritten Aufzug von *Tristan und Isolde*! Schon im Dezember 1854 geht er Wagner im Kopf herum, als er dem Freund Franz Liszt anvertraut: »Da ich nun aber doch im Leben nie das eigentliche Glück der Liebe genossen habe, so will ich diesem schönsten aller Träume noch ein Denkmal setzen, in dem vom Anfang bis zum Ende diese Liebe sich einmal so recht sättigen soll: ich habe im Kopfe einen *Tristan und Isolde* entworfen, die einfachste, aber vollblütigste musikalische Conception; mit der ›schwarzen Flagge‹, die am Ende weht, will ich mich dann zudecken um – zu sterben.«

»... um zu sterben«! Man weiß nicht, wie ernst es ihm damit war, wie ernst er sich selbst damit nahm. Doch sicherlich sympathisierte Wagner mehr mit dem Gedanken an ein sanftes Sterben in den Armen Isoldes – »mild und leise, wie er lächelt« – als mit dem Todeskampf, der ihn 29 Jahre später tatsächlich ereilte: der Überlieferung nach zwar in den Armen Cosimas, jedoch nach einem Herzkrampf, der durch einen Streit mit der Gattin darüber ausgelöst worden sein soll, dass der Meister kurz zuvor die hübsche Miss Pringle, eines der Blumenmädchen aus dem *Parsifal*, nach Venedig in den Palazzo Vendramin eingeladen hatte.

Da ist sie wieder, die schnöde Realität, die dem »schönsten aller Träume« im Wege steht, nämlich einer liebenden Vereinigung, die nur der Tod beenden kann. Wie wäre es also mit einem heiteren Einakter zum Thema »Abschied«, der dieser Realität gebührend Rechnung trüge und das Pathos des Liebestodes von Tristan und Isolde nach antikem Vorbild durch ein Satyrspiel milderte? Er könnte in den Pausen der Bayreuther Aufführungen geboten werden und würde manchem Besucher nur gut tun.

Doch keineswegs als Satyrspiel, vielmehr als seriöse Regiearbeiten empfehlen sich die modischen *Tristan*-Inszenierungen, welche die Idee eines Stücks, in dem sich die Liebe »vom Anfang bis zum Ende eimal so recht sättigen soll«, von vornherein dekonstruieren – dergestalt, dass nicht nur das Abschiednehmen von Tristan und Isolde ein einziges unglückliches Siechtum darstellt, sondern die gesamte Handlung als ein »Warten auf Godot« erscheint, nämlich als ein Agieren im Zeichen von Erbärmlichkeit und Vergänglichkeit. Ein solches Regiekonzept mag sich sehen lassen, wenn man es mit der denkerischen Kraft verfolgt, die der Dramatiker Heiner Müller anlässlich seiner Bayreuther *Tristan*-Inszenierung von 1993 aufgeboten hat. Leicht aber schlägt die Aufklärung des Hörers über das illusionistische Moment seiner Wagner-Rezeption in Entmündigung um! Das Großartige am *Tristan*-Komponisten ist ja, dass er *beides* kann: Um dem Gott Eros gebührend zu huldigen, weiß er sich in Sinnlichkeit »auszurasen«, wie er es selbst formuliert. Doch gleichzeitig zögert er nicht, seiner Partitur von vornherein die Züge von Leiden und Entfremdung einzuschreiben. Warum sonst begänne das Werk mit dem von Sehnsucht zerrissenen »Tristan-Akkord«, der schon alles sagt? Begierde und Todesverfallenheit, Eros und Thanatos gehören in diesem musikalischen Drama von vornherein zusammen. »Schon die Alten haben dem Eros als dem Genius des Todes die gesenkte Fackel in die Hand gegeben«, erläutert Wagner der Freundin Eliza Wille. Im Abschied der beiden

Helden verschmelzen sie zum ozeanischen Gefühl des Liebestods: »ertrinken, versinken, unbewusst, höchste Lust!« Was im gelebten Alltag frommer Wunsch bleibt, wird in der Musik wahr: Sie vermag dieses ozeanische Gefühl, das zum Erfahrungspotenzial des Menschen gehört, auszulösen – und ist damit nicht weniger real als das Leben selbst.

»Isoldes Liebestod« ist spirituelle Musik ohne Gott. So herzzerreißend die Abschiede auch in anderen Opern, etwa in denen Verdis oder Puccinis, sind – ihnen fehlt die Transzendenz. Für diese Differenz hatte kein Geringerer als der Bach-Verehrer Albert Schweitzer ein Gespür: Die ersten Seiten seines Bach-Buches schrieb er 1906 ausgerechnet in Bayreuth »nach einer wunderbaren Aufführung des Tristan« nieder: »Wochenlang«, so erinnert er sich, »hatte ich vergeblich versucht, es in Angriff zu nehmen. In der gehobenen Stimmung, in der ich vom Festspielhügel heimkehrte, gelang es mir.«

Die »gehobene Stimmung« Schweitzers wäre als bloße Heiterkeit missgedeutet. Sie ist im Wortsinn als Erhebung über das nackte Dasein zu verstehen – in jenem Sinne, in dem Wagner Tristan und Isolde geschaffen hat. Und das ist es, was die großen Abschiede in der Musik ausmacht: Sie erheben sich über die Augenblickssituation, indem sie das Leben in seiner Ganzheit erfassen, also als Abschied und Neubeginn, Werden und Vergehen. In Abschiedsansprachen klingen solche Sätze oft recht banal; die Musik hingegen macht eine sinnliche Erfahrung daraus, indem sie – in Wagners eigenen Worten – beides in sich einschließt: »tiefstes Leiden« und »unerhörten Jubel«.

Und damit sind wir bei Bach und insbesondere bei seiner Trauermusik »Gottes Zeit ist die allerbeste Zeit«. Für einen Begräbnisgottesdienst geschrieben, enthält diese Kantate einen Ensemblesatz, der den vermutlich noch jungen Musiker bereits auf einer schwindelnden Höhe seines kompositorischen Könnens und seiner affektiven

Sprachkraft zeigt. Was der kleine Chor in chromatisch harten Melodiegängen als biblische Wahrheit ein ums andere Mal wiederholt: »Es ist der alte Bund, Mensch, du musst sterben,« kommentiert zur gleichen Zeit vom Instrumentalensemble mit dem textlos vorgetragenen, damals jedoch jedem Gläubigen präsenten Choral »Ich hab' mein Sach Gott heimgestellt«. Das letzte Wort hat jedoch ein vom Sopran artikulierter Seufzer: »Ja, komm, ja komm Herr Jesu, komm!« Nach dem allmählichen Verstummen der übrigen Stimmen löst er sich in eine frei schwingende Koloratur auf, in die Stille des Todes hineingerufen und zugleich ein Echo künftiger Himmelsfreuden. Augustinus nannte solcherart wortlos verzückten Gesang ein »jubilare sine verbis«; und Wagner mag auf diese Stelle angespielt haben, wenn er Bachs »Sinn für die mysteriös phantastische Ornamentik« bewunderte und wenn er die »unendliche Melodie«, die er als ein wesentliches Stilmerkmal von *Tristan und Isolde* betrachtete, bei Bach »präformiert« sah.

NACH SO VIEL ABSCHIEDSMYSTERIEN soll das Bayreuth anempfohlene Satyrspiel wenigstens hier schon einmal seinen Platz finden, und zwar in Gestalt des Liedes *Abschied* aus Hugo Wolfs *Mörike-Zyklus*. Wer vor allem den romantischen Mörike im Kopf hat, wird sich über den hier angeschlagenen satirischen Ton wundern: Der Dichter bekommt des Abends ungebetenen Besuch von seinem Kritiker, der alsbald den Schatten, den sein Gastgeber wirft, in Augenschein nimmt: »Nun lieber junger Mann, sehn Sie doch gefälligst 'mal Ihre Nas' so von der Seite an! Sie geben zu, dass das ein Auswuchs ist.« Der Dichter kann und will es nicht leugnen, geleitet schließlich seinen Kritiker wieder zur Tür, um ihm dort unvermutet »einen kleinen Tritt, nur so von hinten aufs Gesäße« zu geben.

Hugo Wolf vertont das alles in dem behänden *Parlando*, das wir von ihm kennen. Den genüsslichen Schlusszeilen aber – »Dergleichen hab' ich all mein Lebtage nicht gesehn, einen Menschen so rasch die Trepp' hinabgehn!« – gönnt er jedoch erst einmal ein »sehr mäßiges Walzertempo«, ehe eine Munterkeit ausbricht, die sich im Nachspiel in regelrechten Juchzern Luft schafft – auch ein »jubilare sine verbis«.

32.
»Die Guten ins Töpfchen, die Schlechten ins Kröpfchen«?
Von musikalischen Werturteilen

EBEN NOCH HATTEN DIE HERREN MÖRIKE und Wolf den Kritiker unsanft die Treppe hinabbefördert, da steht er schon wieder auf der Matte: »Nichts als Wunder in der klassischen Musik?«, fragt er, und weiter: »Gibt es denn nichts zu kritisieren oder grundsätzlich infrage zu stellen?« Beginnen wir mit Letzterem, also mit der Feststellung, dass sich die europäische Kunstmusik im Verlauf ihrer Geschichte beständig selbst kritisiert hat.

Als die Anfänge der Mehrstimmigkeit allzu trocken ausfielen, bemühte man sich um mehr Originalität, etwa in der mehrtextigen Motette des Hochmittelalters. Als es jedoch in den Augen der Theoretiker allzu bunt und unübersichtlich wurde, propagierte man in Gestalt des »Palestrina-Stils« den reinen Satz. Als man dessen schlackenlose Polyphonie als reichlich abstrakt und weit vom Menschen entfernt erlebte, schuf man um 1600 die Oper und das Instrumentalkonzert als Medien für sinnliche Erfahrungen von und mit Musik. Als Pathos und Schwulst des Spätbarock in Widerspruch zum Natürlichkeitsideal der Aufklärung gerieten, komponierte man »einfach«, um schon eine Generation später in der »Wiener Klassik« nach einem Mittelweg zu suchen. »Die junge Schöne sowohl als der bei den Partituren ergraute Kontrapunktist hören seine Werke mit gleichem Vergnügen«, können demgemäß die Zeitgenossen Haydns Musik rühmen.

Den in seinen Augen trotz alledem zu konventionell geschnittenen Rock Haydns will sich Beethoven nicht anziehen. Er stößt kräftig durch die Ärmel, um so recht nach den Sternen greifen zu können, und dies gleich in zwei Richtungen: Auf der einen Seite identifiziert er sich (zum Beispiel in seinen Klaviersonaten) mit dem Anspruch des Individuums, alles sagen zu dürfen, was sich sagen lässt; auf der anderen Seite befriedigt er (insbesondere in seinen Sinfonien) das Bedürfnis der Öffentlichkeit nach einer musikalischen Ideenkunst, die gesellschaftlichen Sinn zu stiften vermag. In späten Jahren korrigiert er sich sogar selbst: Seine letzten Quartette gleichen Monologen, die uns als Hörer nicht brauchen, wir sind lediglich zugelassen.

Schubert, Schumann, Chopin, Mendelssohn und Liszt kommen zwar gegen den Riesen Beethoven nicht an, erweitern jedoch das Sprachvermögen der Musik auf jeweils unverzichtbare Art und Weise. Wagner übernimmt von Beethoven das Stichwort »Ideenkunst«, verortet diese jedoch einseitig im musikalischen Drama. Brahms und Bruckner halten mit ihren Sinfonien dagegen. In ihren Augen genießt vor allem die wortlose Instrumentalmusik das Privileg, das Unaussprechliche der Musik aussprechen zu dürfen. An Opernkomponisten wie Verdi und Puccini geht die entsprechende Diskussion vorbei: Sie knüpfen mit berechtigtem Selbstbewusstsein an die Tradition der großen Oper an.

In diesem Zusammenhang fasziniert ein anderes Phänomen: Kein Komponist beherrscht die Schreibweise seines Vorgängers. Unmöglich, dass Bach wie Schütz komponiert hätte, Beethoven wie Mozart, Wagner wie Beethoven. So gesehen, ist die Musikgeschichte in jedem Moment einzigartig und unwiederholbar. Dasselbe gilt für den einzelnen Komponisten und die verschiedenen Schaffensphasen seines Lebens: Der späte Beethoven hätte keine *Fünfte* mehr aufs Papier gebracht; und Brahms konnte es in späteren Jahren nicht einmal über sich bringen, sein frühes Klaviertrio H-Dur in der originalen Frische zu belassen, musste ihm vielmehr mittels Überarbeitung »die Haare ein wenig kämmen und ordnen«, wie er selbst meinte.

Wie passt das zu der Geschichtsphilosophie Hegels, der zufolge der menschliche Geist im Laufe der Geschichte höher und höher gestiegen ist – gilt das auch für die Musik? Dann müsste Bach unter Beethoven und Beethoven unter Wagner stehen! Letzterer, der seinen Hegel zumindest in Umrissen kannte, hat das immerhin so gesehen, und Theodor W. Adorno, ansonsten nicht unbedingt ein Wagner-Fan, ist ihm darin gefolgt – zumindest, was den Schritt von Bach zu Beethoven anging: Da müsse die Musik Bachs »trotz des größeren Gelingens« derjenigen Beethovens den Vortritt lassen, weil sie nicht in der Weise »vom Subjekt ergriffen« sei, wie man dies von einer Kunst erwarten müsse, die sich vom Mythos befreit habe.

Als Produkt der Gesellschaft, so meinte Adorno, müsse sich Musik immer fragen lassen, welche Funktion sie in dieser Gesellschaft ausübe. Und da kommt nun einmal Bach schlechter als Beethoven weg, weil er eine hierarchische Ordnung hypostasiert, die es für den modernen Menschen nicht geben kann und auch nicht geben soll. Und Beethovens Musik ist »wahrer«, weil sie die Dialektik von Subjekt und Gesellschaft auf einem höheren Niveau zur Sprache bringt.

»Die Guten ins Töpfchen, die Schlechten ins Kröpfchen«? Darüber grundsätzlich urteilen zu wollen erscheint reichlich vermessen, während es für den Einzelnen fraglos ein Gewinn sein kann, Vorlieben und Abneigungen auszubilden und dementsprechend affektive Bindungen an bestimmte Erscheinungsformen von Musik zu entwickeln. Auch ist nichts daran auszusetzen, dass Italiener, Deutsche, Franzosen oder Russen jeweils »ihrer« Musik die Palme geben: Wenn es überall bei dieser harmlosen Spielart von identitätsstiftendem Nationalismus bliebe, könnten wir froh sein. Grenzüberschreitungen stellen sich schon von selbst ein.

Doch wie kommt es, dass viele Musikliebhaber den *Goldberg-Variationen* von Bach die gleiche Anteilnahme entgegenbringen wie Beethovens *Appassionata* oder Mussorgskis *Bildern einer Ausstellung*?

Müsste uns vom Lebensgefühl her nicht das zeitlich Nähere auch persönlich näher sein – in demselben Sinne, in dem uns Marcel Prousts Romanzyklus *Auf der Suche nach der verlorenen Zeit* vom Gestus her vermutlich näher ist als der *Don Quichotte* des Cervantes? Da gilt, was schon die Literatur für sich in Anspruch nimmt, für die Musik in noch viel höherem Maße: Sie muss, um etwas zu sagen zu haben, nicht dem aktuellen Lebensgefühl des Hörers entsprechen. Im Gegenteil, sie setzt Energien der Wahrnehmung frei, die in tieferen Schichten des Bewussten oder Unbewussten darauf warten, abgerufen zu werden. Musik ist, wie Schopenhauer enthusiastisch bemerkte, der »Wille an sich« – eine Folie für sehr unterschiedliche Zugangs- und Erlebnisweisen.

In diesem Sinne ist Musik ein Arsenal von Spielen: Ebenso wie der Sport und die Unterhaltung kennt auch sie ganz unterschiedliche Arten des Spiels, die sich zwar im konkreten Moment gegenseitig ausschließen, jedoch dem Menschen ein Ensemble von Möglichkeiten bieten, sich zu erleben. Fragt man vor diesem Hintergrund nach der »perfekten« Komposition, so bemüht man ein Abstraktum. Zwar hat sich ein Komponist wie Bach im Laufe seines Schaffens intensiv um das bemüht, was er offenbar als Inbegriff des vollkommenen musikalischen Satzes verstand: eine Komposition, in der ein Ton zwingend aus dem anderen folgt und kein einziger zu viel ist. Doch würden wir deshalb seine *Canonischen Veränderungen über Vom Himmel hoch*, in denen er dieses Prinzip auf die Spitze treibt, als sein bestes Werk bezeichnen? Und ist Wagner der schlechtere Komponist, weil er gelegentlich so leidenschaftlich *al fresco* malt, dass man einzelne Töne durch andere ersetzen könnte, ohne dass dies auffiele?

Klassische Musik will lieber mit einem originellen und naturgemäß widersprüchlichen Menschen als mit einem perfekten System verglichen werden. Auch das Schachspiel ist von seinem unbekannten Erfinder so genial konstruiert worden, dass es *die* perfekte Partie nicht geben kann, stattdessen aber unzählige interessante Partien, in denen letztlich ein Spieler nur deshalb gewinnt, weil der andere einen Fehler gemacht hat – ohne dass man diesen »Fehler« immer genau zu orten wüsste. Mit anderen Worten, originelle Fehler provozieren originelle Spielzüge. So gesehen, stammen die besten musikalischen »Schachpartien« übrigens von Beethoven.

Natürlich gibt es Niveauunterschiede, die sich in gewissen Grenzen objektivieren lassen. Ich könnte begründen, warum mir das *Rondo*-Finale von Beethovens fünftem Klavierkonzert schlüssiger vorkommt als dasjenige des vierten; und warum ich Fanny Hensels Klavierlieder zum großen Teil origineller finde als diejenigen ihres Bruders Felix Mendelssohn Bartholdy. Doch das ist etwas für musikästhetische Spezialstudien.

33.
Die Welt taumelt, Musik fängt sie auf

ICH SUCHE MEINEN WEG zwischen zwei Kornfeldern, deren Ähren so tief herabhängen, dass ich kaum durchkomme, während mein Hund sich voller Eifer und ganz mühelos durchs Unterholz bewegt. Ich nehme, was um mich herum vorgeht, mit vollen Sinnen auf und habe alsbald den Geschmack von Musik auf der Zunge, in der mein vorsichtiger Gang, der Vorwärtsdrang des Hundes, das Entlangstreifen der Ähren an den Beinen, das Flirren der Luft und das Blau des Himmels zu einer kleinen Sinfonie zusammentreten.

Beethoven, Schubert, Mendelssohn, Brahms, Debussy, Mahler – all diese Namen stehen für Musiker, die in enger Partnerschaft mit der Natur komponierten. Natur ließ sie immer wieder vom eigenen Ich und vom eigenen Werk zurücktreten und wahrnehmen, dass sie es ist, die ihre Werke schafft. Das ist nicht nur allegorisch gemeint, sondern will besagen: So speziell die Sprache ist, die Musik und insbesondere klassische Musik im Laufe ihrer Geschichte herausgebildet hat, – diese Sprache ist nur verständlich, weil sie ein Teil jener allgemeineren Sprache ist, in der sich dem Menschen die Welt erschließt: in Bewegungen, Gesten, Zusammenklängen, Farben, Gerüchen.

Das Weitere lässt sich am besten in einer Allegorie sagen: Als die Menschen sich mehr und mehr mit Zivilisation überfluteten und demgemäß immer weniger in der Lage waren, ihre eigene und die sie umgebende Natur mit allen Sinnen wahrzunehmen, da schenkte ein gnädiger Gott ihnen die Musik – als einen schönen Ersatz für das verlorene Glück. Nun erleben sie das vielfältig bewegte Sein eben in der Musik. Zwar wird in ihr, wenn sie mehr als Geplätscher ist, immer etwas verhandelt; davon ist auf jeder Seite dieses Buches die Rede. Doch das geht ohne die Kategorien von Leistung oder Moral ab. Ob Musik sich verströmt, strahlt, klagt oder wütet – sie wertet nicht, ist nur ein Teil des allgemeinen Seins.

Der Komponist denkt freilich nicht in *Analogien* zur Natur, sondern schafft aus Material, das er der Natur entnimmt, Inhalt und Form des Werks. Damit kommt ein zweites Moment ins Spiel: Musik greift in die Natur ein, macht sie beherrschbar. Der Philosoph Franz Rosenzweig spricht einmal vom »Einbrechen des Namens in das Chaos des Unbenannten«. In diesem Sinne ist Musik der Name der Dinge. Was für den Naturmenschen das Lied oder der Zauberspruch, ist für den Kulturmenschen die kunstvolle Musik, und dies in zweierlei Hinsicht.

Zum einen sind unsere Konzertsäle moderne Tempel, in denen wir den Göttern das Opfer unserer Musik bringen, um ihnen zu sagen: Es ist eigentlich eure Musik. Zum anderen bedeutet Musikmachen und Musikhören stets eine Besinnung auf die kreativen Kräfte, mit denen wir uns der Welt entgegenstemmen. Das geschieht zwar auch in anderen Künsten; Musikgenuss bietet jedoch die einzigartige Möglichkeit, dem Akt der Selbstschöpfung oder -behauptung, den ein Werk darstellt, in seinem zeitlichen Verlauf beizuwohnen und dadurch zum Mitschöpfer zu werden – am sinnvollsten gemeinsam mit anderen.

Wir kennen die Sorge des kleinen Kindes, sich immer weiter von zu Hause zu entfernen, obwohl der erwachsene Begleiter zu erklären versucht: Wir sind im Kreis gegangen und bald wieder daheim. Beim Musikhören wird daraus eine Angstlust. Zwar geht es auch dort oft über Stock und Stein; doch gibt es Wegmarken in Gestalt vertrauter Themen und Wendungen, sodass sich jeder sicher ist: Ich werde ankommen. In diesem Sinn ist Musik ein beständiges Probehandeln mit glücklichem Ausgang.

Wie die moderne Psychologie uns erklärt, ist unsere Natur zur Bewältigung komplexer Situationen nicht geschaffen und muss deshalb in ihnen notwendigerweise versagen. Musik entschädigt uns für dieses reale Scheitern, indem sie auch in kritischen Fällen Lösungsvorschläge macht. Der italienische Erzähler Italo Calvino lässt den Aztekenherrscher Montezuma sagen: »Die Menschen verfolgten zu allen Zeiten und überall immer nur ein Ziel: die Welt zusammenzuhalten, damit sie nicht auseinanderfällt.« Musik artikuliert dieses Ziel exemplarisch.

Überhaupt ist Musik ein unnachahmliches Mittel des Menschen, sich selbst zu beschreiben. Es gibt in Politik und Gesellschaft viele eitle, aufgeblasene, lächerliche oder ärmliche Selbstbeschreibungen. In den Selbstbeschreibungen, welche die Musik vom Menschen gibt, erscheint dieser zwar nicht besser, jedoch kenntlicher in seinen Freuden, Leiden, Hoffnungen und Enttäuschungen. Natürlich lässt sich aus Beethovens späten Quartetten nicht ablesen, was der Komponist zu dieser Zeit im Alltag gedacht und erlebt hat; gleichwohl lässt die Musik vor unserem Auge einen ganz bestimmten »Beethoven« erstehen, mit dem wir uns unabhängig von unserer eigenen empirischen Lebenssituation identifizieren können.

In ihrem Roman *Das Herz ist ein einsamer Jäger* erzählt die amerikanische Schriftstellerin Carson McCullers von dem Mädchen Mick, das auf der Suche nach sich selbst durch die dunklen Straßen der Stadt geht, um im Garten eines Hauses niederzukauern, hinter dessen erleuchteten Fenstern der kahlköpfige Mann und die grauhaarige Frau Musik aus dem Radio hören: die *Eroica*. Mick ist von den unbekannten Klängen im Innersten getroffen. Sie trommelt, um ihrer Erregung Raum zu geben, mit aller Kraft auf ihren Schenkeln herum, bis ihr vor Schmerz die Tränen über das Gesicht laufen: »Das war sie, Mick Kelly, wie sie tagsüber oder nachts mutterseelenallein herumging, in der heißen Sonne und in der Dunkelheit mit all ihren Plänen und Gefühlen. Diese Musik war sie – ganz einfach und richtig sie.«

Dass sich ein Kind die Selbstbeschreibung des Eroica-Komponisten zueigen macht, lässt uns noch eine Schicht tiefer blicken: Beethoven und Mick Kelly können deshalb über die Jahrhunderte hinweg miteinander in Verbindung treten, weil das Erleben beider in fundamentalen menschlichen Erfahrungen gründet, die dem Einzelnen nicht in jedem Augenblick bewusst sind, jedoch vom Künstler produktiv und vom Hörer rezeptiv abgerufen werden können.

Indem wir im Augenblick leben, wissen wir, *dass* wir sind. *Wer* wir sind, erfahren wir über unsere Vergangenheit und unsere Zukunft – und dabei hilft Musik auf unverzichtbare Weise. Sie verschafft uns Zugang zu Dingen, die wir zwar in uns tragen, aber immer wieder vergessen. Der frühromantische Dichter Wilhelm Heinrich Wackenroder betrachtet in seiner *Wundersamen Fabel eines nackten Heiligen* die Musik als eine Sprache der Engel, die den Menschen in Vorzeiten auf eine inzwischen vergessene Weise gelehrt worden sei. Fast zwei Jahrhunderte später postulierte Claude Lévi-Strauss, Musik sei von der Menschheit nicht »erlernt«, sondern nur »entdeckt« worden. Deren Struktur sei ihr nämlich ebenso in die Wiege gelegt worden wie die Entitäten von Mathematik, Ursprache und Mythos.

Solche produktiven Spekulationen und Theorien ändern freilich nichts an der Tatsache, dass die abendländische Kunstmusik und mit ihr das, was wir unter »klassischer« Musik verstehen, ein intellektuell anspruchsvolles System darstellt, dessen Schlagkraft gerade in seiner Komplexität und Vielfalt besteht: Wir würden Beethovens *Eroica* nur mit halbem Gewinn hören, wenn wir nicht Schuberts *Unvollendete* und Tschaikowskis *Sechste* dagegenhalten könnten. Der Kunstcharakter von Musik zeigt sich gerade in diesen Differenzen, für die man beim besten Willen nicht eine mystische

Urgeschichte der Musik verantwortlich machen kann. Deren Fortwirken kann jedoch erklären, weshalb auch hoch entwickelte Kunstmusik weniger als Spezialsystem denn als Botschaft wahrgenommen wird, die von weither kommt und dem Menschen eine Ahnung von seinem reichen Zuhause gibt.

Doch nicht nur wo der Mensch herkommt, sondern auch wohin er will, vermag Musik zu imaginieren. Ernst Bloch hat Musik als eine Wunschlandschaft bezeichnet, die dem Menschen vorstelle, was aus ihm werden könnte. Kein Kind würde freudig ins Leben blicken, wenn es nicht Hoffnungen, Erwartungen, Bilder hätte. Denen gibt Musik Nahrung; für manche alte und kranke Menschen ist sie überhaupt die einzige geistige Nahrung.

Keineswegs ist Musik widerspruchsfrei: Seit Bach ist sie immer wieder von Widersprüchen zerrissen; und je mehr wir zur Gegenwart kommen, desto heftiger werden die Konflikte, die sie mit sich selbst austrägt. Und doch reicht Musik dem Menschen die Hand zur Versöhnung – zur Versöhnung mit sich selbst.

Die Welt taumelt, Musik fängt sie auf.

Personen- und Werkregister

Abegg, Meta 176
Adorno, Theodor W. 21, 51, 113, 159, 191f., 203, 213
Anna von Bretagne 84
Arnim, Bettina von 176
Arnim, Gisela von 176
Auber, Daniel François-Esprit 183
    Die Stumme von Portici 183
Auerbach, Erich 38
Augustinus 97, 209
Bach, Carl Philipp Emanuel 71–73, 193
    Klavierfantasien 72
Bach, Johann Sebastian 18f., 24, 28, 42, 48, 60, 71–73, 80, 83–85, 90, 102, 106, 108f., 113–117, 119, 121, 125, 127f., 130, 156f., 162f., 167, 169–175, 179–181, 187, 196, 208f., 212–214, 221
    Matthäuspassion 28, 180; Johannespassion 84f., 128, 156f., 169–174; Weihnachtsoratorium 130, 179; h-Moll-Messe 127; Motette Jesu, meine Freude 90, 181, 196; Kantate 54 Widerstehe doch der Sünde 24; Kantate 56 Ich will den Kreuzstab gerne tragen 108f.; Kantate 71 Gott ist mein König 90; Kantate 106 Gottes Zeit (Actus tragicus) 208f.; Kantate 140 Wachet auf, ruft uns die Stimme 18; Kantate 150 Nach dir Herr, verlanget mich 80; Kantate 205 Der zufriedengestellte Äolus 71; Kantate 211 Kaffeekantate 19, 71; Arnstädter Orgelchoräle 187; Canonische Veränderungen über Vom Himmel hoch 214; Wohltemperiertes Klavier 85, 113–117, 125; Goldberg-Variationen 213; Chaconne aus der Violinpartita BWV 1004 180f.; 5. Brandenburgisches Konzert 167; Orchester-Ouvertüre h-Moll 128; Kunst der Fuge 48, 102, 116, 175
Bach, Maria Barbara 181
Bach, Wilhelm Friedemann 175
Bachmann, Ingeborg 113, 192
Baldung [Grien], Hans 173
Barth, Karl 157
Barthes, Roland 66f., 151, 192
Baudelaire, Charles 139
Beckett, Samuel 17
Beethoven, Ludwig van 11f., 26–28, 31–34, 43f., 47–51, 54–57, 61, 66, 68f., 72, 74, 81, 83f., 87, 89–92f., 98, 101f., 107, 109f., 112–114, 127f., 130f., 141–147, 149–152, 159, 162, 164–166, 184f., 187, 193, 195f., 199, 201–203, 205f., 211–215, 217, 219f.
    Fidelio 98, 184; Missa solemnis 83, 109, 127; 3. Sinfonie (Eroica) 26, 28, 49, 54f., 91, 187, 219f.; 5. Sinfonie 26, 28, 31–33, 43, 47f., 92, 101, 109f., 203, 212; 6. Sinfonie (Pastorale) 10, 55, 93, 107, 109, 130f.; 7. Sinfonie 28, 69; 8. Sinfonie 26, 199; 9. Sinfonie 10, 27f., 49, 203; Schlachtensinfonie 90; Egmont-Ouvertüre 91, 109, 142, 195f.; Coriolan-Ouvertüre 142; 4. Klavierkonzert 215; 5. Klavierkonzert 215; Klaviersonate op. 2,1 201; Klaviersonate op. 2,3 201f.; Klaviersonate op. 13 (Pathétique) 142; Klaviersonate op. 27,2 (Mondschein) 142; Klaviersonate op. 31,2 (Sturm) 141–150, 165; Klaviersonate op. 57 (Appassionata) 141f., 213; Klaviersonate op. 81a (Les adieux) 205f.; Klaviersonate op. 106 (Hammerklavier) 92; Klaviersonate

op. 110 84, 128; Violoncellosonate
op. 102,2 127; Streichquartett op. 130
33; Streichquartett op. 135 33
Berg, Alban   177, 186
  Wozzeck 186; *Kammerkonzert* 177
Berlioz, Hector   61, 63, 71, 83, 89
  La damnation de Faust 71; *L'enfance du Christ* 83
Billroth, Theodor   50
Bismarck, Otto von   187
Bizet, Georges   39
  Carmen 39
Bloch, Ernst   18, 192, 221
Boulez, Pierre   113
Brahms, Johannes   18, 28, 50, 61, 80, 86f., 110, 159, 176f., 195f., 212, 215
  Deutsches Requiem 195f.; *Wiegenlied* op. 49,4 18; 1. Sinfonie 28, 87, 110; 4. Sinfonie 80; Streichsextett G-Dur 176; Klaviertrio H-Dur 212
Brandt, Caroline   20
Brecht, Bertolt   137, 186
Bruchmann, Franz von   188
Bruckner, Anton   37, 50, 61, 96, 101, 103, 110, 153, 159, 196f., 203f., 212
  Tedeum 196; 4. Sinfonie (*Romantische*) 37, 110; 7. Sinfonie 204; 8. Sinfonie 103, 196
Bülow, Hans von   45, 187
Busoni, Ferruccio   113, 124, 132
  Doktor Faust 124
Caffarelli   98
Calderón de la Barca, Pedro   124
Calvino, Italo   219
Caruso, Enrico   95
Cervantes, Miguel de   72, 149, 214
Cesti, Antonio   135f.
  L'Argia 135f.
Chopin, Frédéric   28f., 50, 113, 212
  Etude f-Moll ohne Opuszahl 28
Cornelius, Peter   119

Cranach d. Ä., Lucas   170
Dahlhaus, Carl   42f., 149, 202
Dante Alighieri   158
David [König]   68
Debussy, Claude   166f., 199f., 215
  La mer 166; *Prélude à l'après-midi d'un faune* 166, 199f.
Diabelli, Anton   11
Dietrich, Albert   176
  F-A-E-Sonate 176
Dumas, Alexandre   136
Dürer, Albrecht   79–81
Eichendorff, Joseph von   75
Eisler, Hanns   176, 186
  Die Mutter 186
Enzensberger, Hans Magnus   113
Ertmann, Dorothea von   143
Euripides   149
Festa, Costanzo   84
Fétis, François-Joseph   61f.
Förster, Josef Bohuslav   54
Freud, Sigmund   87f.
Friedrich, Götz   138
Furtwängler, Wilhelm   92
Galliculus, Johannes   162
Gänsbacher, Joseph   176
Georgiades, Thrasybulos   84
Gerstäcker, Friedrich   85
Goethe, Johann Wolfgang   11f., 44, 91, 113f., 116, 149, 183
Gorbatschow, Michail   188
Gounod, Charles   71
  Faust 71
Greiter, Matthias   80
  Motette *Passibus ambiguis* 80
Grünewald, Matthias   175
Guido von Arezzo   175
Hamp, Petrus   197
Händel, Georg Friedrich   24, 83, 98, 108, 130
  Ronaldo 24; *Xerxes* 98; *Messias* 108, 130

Hanslick, Eduard 31, 57, 109
Härtling, Peter 192
Haydn, Joseph 24, 44, 49, 60, 72–74, 130, 141, 186f., 199, 211
  Schöpfung 130; Sinfonie Nr. 100 (Militärsinfonie) 186; Streichquartett op. 33,2 199; Klaviersonate C-Dur Hob. XVI 50 73f.
Hegel, Georg Wilhelm Friedrich 213
Heim, Albert 130
Heine, Heinrich 158f.
Hensel, Fanny, 113, 152, 215
  Klavierlieder 215
Herzl, Theodor 185
Herzog, Werner 95
Hesse, Hermann 192
Himmler, Heinrich 184
Hindemith, Paul 113
Hippasos 117
Hitler, Adolf 153, 185
Hoffmann, E.T.A. 67, 74, 101, 192
Hölderlin, Friedrich 145f.
Homer 149
Honegger, Arthur 176
Jacobi, Constanze 177
Jansen, Martin 179
Jean Paul 24f., 71, 74f., 144f., 149
Joachim, Joseph 176
  Drei Stücke für Violine und Klavier op. 5 176
Kafka, Franz, 67–69
Kant, Immanuel 164, 191
Karl der Große 42
Kepler, Johannes 86
Kielmansegge, Auguste Charlotte von 141f.
Kienzl, Wilhelm 124
  Evangelimann 124
Kierkegaard, Søren 202
Kinski, Klaus 95
Kluge, Alexander 95

Knofelius, Johann 162
Kolisch, Rudolf 192
Kretzschmar, Hermann 50, 67, 69
Kunze, Stefan 66
Leoncavallo, Ruggero 71
Lévi-Strauss, Claude 146, 220
Link, Jürgen 145
Liszt, Franz 32, 61–63, 103, 111, 176, 206, 212
  Mazeppa 111; Hunnenschlacht 103
Lorenz, Alfred 104
Ludwig XIV. 186
Luhmann, Niklas 155
Luther, Martin 89, 97, 129f.
Mahler, Gustav 37, 54–56, 61, 72, 93, 110, 159, 167, 215
  2. Sinfonie 54; 3. Sinfonie 110; 6. Sinfonie 37, 93; 8. Sinfonie (Sinfonie der Tausend) 167
Mallarmé, Stéphane 139
Mann, Thomas 66, 102, 153, 184, 192
Marie Antoinette 186
Marin, Louis 191
Marx, Adolf Bernhard 32
McCullers, Carson 219f.
Méhul, Étienne-Nicolas 184
  Euphrosine oder Der gebesserte Tyrann 184
Mendelssohn Bartholdy, Felix 50, 54, 56, 61, 113, 152, 171, 192, 212, 215, 217
  Klavierlieder 215; Italienische Sinfonie 56; Ouvertüre zum Sommernachtstraum 152; Streichquartett a-Moll op. 13 152; Streichquartett f-Moll op. 80 152
Mittelalterliche Musik 42, 105, 108, 161, 211
Monteverdi, Claudio 135
  L'incoronazione di Poppea 135
Mörike, Eduard 209–211
Mozart, Wolfgang Amadé 19, 25, 37, 43f., 49, 54, 59–61, 71, 73f., 83, 98, 102,

137f., 141, 157, 162–164, 166f., 181, 184, 212
Entführung aus dem Serail 137, 157; *Hochzeit des Figaro* 19, 138, 157; *Don Giovanni* 59, 61, 71; *Così fan tutte* 138; *Zauberflöte* 137, 157; *La clemenza di Tito* 184; *Requiem* 83; *Prager Sinfonie* 43; *Jupiter-Sinfonie* 163; Klavierkonzert Es-Dur Jeunhomme (neuerdings: Jenamy) 25; Klavierkonzert G-Dur KV 453 163; *Ein musikalischer Spaß* 73; »Haydn«-Quartette 102
Müller, Heiner   207
Musil, Robert   193
Mussorgski, Modest   213
   Bilder einer Ausstellung 213
Napoleon Bonaparte   32, 90, 146
Nasirowa, Elmira   178
Nietzsche, Friedrich   36, 39, 80f., 96, 139, 158, 165, 192
Novalis   32
Offenbach, Jacques   71, 136f.
   Hoffmanns Erzählungen 136f.; *Orpheus in der Unterwelt* 71
Ortheil, Hanns-Josef   192
Ovid   77, 80
Palestrina, Giovanni Pierluigi da   108, 211
Pappenheim, Marie   21
Paulus [Apostel]   129
Pepys, Samuel   97f.
Picasso, Pablo   172–174
Platon   62, 129
Polybios   68
Poussin, Nicolas   189
Préz, Josquin des   97
Proust, Marcel   32, 65f., 151, 214
Puccini, Giacomo   95, 206, 212
   Madame Butterfly 206
Purcell, Henry   80
   Dido and Aeneas 80
Pythagoras   42, 104f., 116f.

Raffael   105
Rambach, Johann Jakob   188
Ravel, Maurice   166f.
Reger, Max, 113, 176, 178
   Violinsonate op. 72 178
Reichardt, Johann Friedrich   74
Rembrandt Harmensz van Rijn   190
Rosenzweig, Franz   218
Rostropowitsch, Mstislaw   188
Rousseau, Jean-Jacques   68, 146
Rückert, Friedrich   86
Rudolph von Österreich   83
Saint-Saëns, Camille   72
   Karneval der Tiere 72
Schdanow, Andrei A.   188
Schepilow, Dmitri T.   188
Schering, Arnold   149
Schiller, Friedrich   27, 32, 103, 149, 155, 203
Schindler, Anton   31
Schlegel, Friedrich   32, 74
Schnorr von Carolsfeld, Ludwig   21
Schönberg, Arnold   21, 23, 104, 106, 132, 166, 177, 186, 192, 203
   Erwartung 21; *A Surviver from Warsaw* 21; Klavierstücke op. 11 23; 3. Streichquartett op. 30 192
Schopenhauer, Arthur   33, 214
Schostakowitsch, Dmitri   62, 113, 159, 178, 188
   7. Sinfonie (Leningrad) 159; 10. Sinfonie 178; Kantate *Rajok* 188
Schreker, Franz   137
   Der ferne Klang 137
Schröder-Devrient, Wilhelmine   97
Schubart, Christian Friedrich Daniel   132
Schubert, Franz   44, 61, 66, 68, 79, 84f., 109f., 128, 158f., 188, 196, 198, 202, 212, 215, 220
   Die Winterreise 84, 188, 196; Lied *Der*

Tod und das Mädchen 109; Lied Der Doppelgänger 84f., 158f.; Sinfonie h-Moll (Unvollendete) 66, 128, 198, 220; Große C-Dur-Sinfonie 110; Klaviersonate B-Dur op. posth. 198, 202
Schumann, Clara   75, 177
Schumann, Robert   27, 34, 43, 50, 54, 56, 61, 67, 72, 75, 85f., 102, 113, 117, 132, 176f., 181, 192, 212
   Liederkreis nach Eichendorff 75, 85f., 102; Rheinische Sinfonie 43, 56; Abegg-Variationen 176; Kreisleriana 67; Humoreske 75
Schütz, Heinrich   83, 108, 189, 195, 212
   Die sieben Worte Jesu am Kreuz 195; Kleines geistliches Konzert Attendite populus meus 83
Schweitzer, Albert   208
Senn, Johann Chrysostomus   188
Shakespeare, William   71, 97, 141–145, 147, 149
Shaw, George Bernard   36
Shun [Kaiser]   62
Siebold, Agathe von   176
Smend, Friedrich   179f.
Spitzweg, Carl   122
Spohr, Louis   27
Stalin, Josef   188
Staudte, Wolfgang   32
Steiner, George   185
Sterne, Laurence   71f., 74
Strauss, Richard   22, 110f., 156
   Rosenkavalier 22; Don Quixote 111; Till Eulenspiegels lustige Streiche 110
Strawinsky, Igor   72, 137
   The Rake's Progress 137; Zirkuspolka für einen jungen Elefanten 72
Tasso, Torquato   149
Tieck, Ludwig   49
Tschaikowsky, Peter   128, 206, 220
   Eugen Onegin 206; 6. Sinfonie (Pathétique) 128, 220

Uhlig, Theodor   63
Verdi, Giuseppe   71, 95f., 99f., 136, 139, 155f., 206, 212
   Rigoletto 100, 206; La Traviata 136, 139, 206; Aida 206; Don Carlos 155f.; Otello 100; Falstaff 71
Vogler, Georg Joseph   107
Wackenroder, Wilhelm Heinrich   192, 220
Wagner, Cosima   21, 63, 81, 152, 197, 206
Wagner, Richard   20, 23, 25, 32, 35–39, 50, 61–63, 69, 71, 81, 87, 91, 95–97, 99–101, 103f., 114–117, 119–125, 132, 137–139, 152, 158, 166f., 184–186, 197f., 204, 206–209, 212, 214
   Rienzi 185; Tannhäuser 20, 138f.; Lohengrin 62; Rheingold 38, 132; Walküre 38, 152, 158, 197; Siegfried 36; Götterdämmerung 25, 91; Ring des Nibelungen 35, 63, 71, 96, 100, 132, 137, 167, 185, 198; Tristan und Isolde 20, 117, 152, 206–209; Die Meistersinger von Nürnberg 23, 87, 100, 119–125; Parsifal 63, 91, 158, 185, 197
Walser, Martin   192
Walther, Johann   175
Weber, Carl Maria von   19f., 137
   Der Freischütz 19, 137
Webern, Anton   51, 106, 177f.
   Streichtrio op. 20 51; Konzert op. 24 177
Wegeler, Franz Gerhard   32
Weill, Kurt   137, 186
   Dreigroschenoper 137, 186; Die Jasager 186
Wille, Eliza   207
Wittgenstein, Ludwig   96
Wolf, Hugo   124, 209–211
   Der Corregidor 124; Lied Abschied 209f.
Wolzogen, Hans Paul von   35, 38